国会追及 直及勝負

コータロー

走り続ける、力の限り。

日本共産党国会議員
大阪事務

はじめに

２０１３年に国会に送っていただき約６年が経ちました。振り返ると、特定秘密保護法、集団的自衛権行使容認の閣議決定と戦争法（安保関連法制）、共謀罪、カジノ法、ＴＰＰ、高度プロフェッショナル制度導入、種子法廃止、水道民営化推進法など、本格的な軍国化と売国、規制緩和への道を推し進めた安倍政権と対峙し続けた６年でした。

同時に国会で議論されるのは「対決法案」だけではありません。当選以降、安倍政権の下でどう政治を前向きに動かすのか、模索し続けた６年でした。累計２００回の質問・討論の中には、政権批判だけでなく様々な提案も行ってきたつもりです。

国会質問はやり直しがききません。それだけにその責任は重い。しかし国民の声を代表して政府をただすことは、何物にも代え難いやり甲斐があります。一つひとつ全力で取り組んできました。

議会人として許せないのは安倍政権の下で嘘、ゴマカシ、居直り、隠ぺい、公文書改ざんなどが横行し、国会軽視が極限に達していることです。立法府の行政監視機能の無力化は、民主主義の死に他なりません。客観的データである統計までもが安倍政権の都合で粉飾される世界は、まるでジョージ・オーウェルの小説「1984年」のようです。

本書は、私の国会議員としてのキャリアを一変させた森友事件追及を克明に記録するとともに、辰巳孝太郎という政治家を丸ごと知っていただきたく作りました。手に取っていただいた皆さんには不正を許さない政治姿勢と、権力者に私物化されている政治を国民の手に取り戻すという私の決意が伝われば幸いです。

はじめに ―― 2
プロフィール ―― 6
「コータローを語る」山下よしき参議院議員 ―― 12
第1章 森友事件700日の記録 ―― 13
第2章 「人間ってすごい」 寄り添い合うあったかい社会へ
特別対談 香山リカ氏・たつみコータロー議員 ―― 91
第3章 走れコータロー 大阪秘書ルポ ―― 111
第4章 コンビニの闇に斬り込む ―― 129

Contents

第5章　コータローがただす——155
1、カジノ解禁の裏側
2、消費税増税が日本をこわす
3、格差と貧困——憲法25条にもとづく生存権保障を
4、残業代を取り戻せ　ブラック企業に立ち向かう
5、就職先は戦場かも？　防衛省の隠れ「徴兵」計画を告発
6、逃げる法人税を追う
7、原発ゼロ、エネルギー政策転換へ
8、スナックのママが逮捕？　時代おくれの風営法を見直せ

主な国会質問一覧

あとがき——239

※登場人物の肩書きはいずれも当時のものです。

参議院議員1期

たつみコータロー（辰巳孝太郎）

1976年大阪市西淀川区生まれ。米エマーソン大学映画学科卒。

参議院議員１期。2013年大阪選挙区から当選。

此花区生活と健康を守る会事務局次長、全大阪生活と健康を守る会連合会常任理事を歴任。

コソボ高校生の日本招聘プロジェクト事務局長、ラジオ派遣村村長代理。

在阪ラジオ局の映画解説番組でもシネマナビゲーターをつとめる。

現在、参院国対副委員長、予算委員会理事、経済産業委員、ODA特別委員。

党常任幹部会委員、政策委員会副責任者、森友疑惑追及チーム責任者。

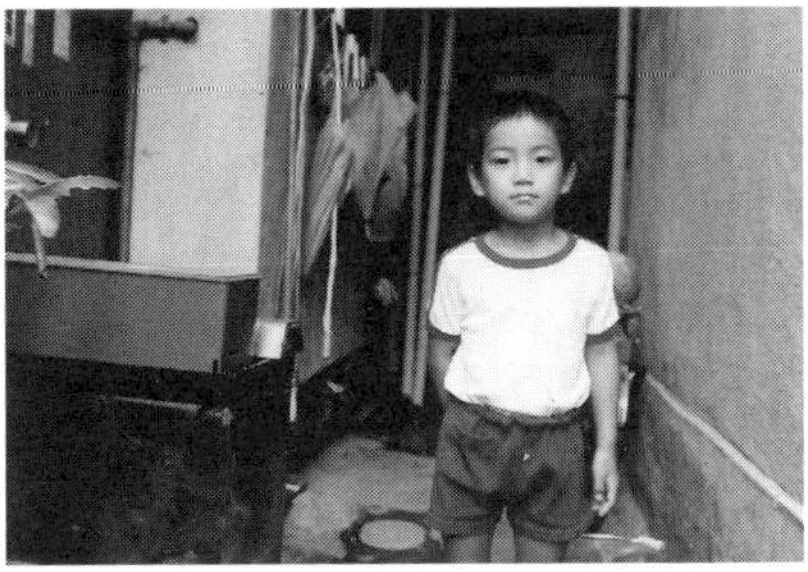

やんちゃな子ども時代

大阪市西淀川区生まれ。男ばかり4人兄弟の末っ子。小学生当時の将来の夢は「正義の味方」「ジャッキー・チェン」。周りを笑わせることが大好きなお調子者。

米へ留学

北野高校時代はラグビー部。花園への切符は逃したが苦しい練習に耐えたことは今に活きている。生徒会長としてバングラデシュのハンセン病患者支援のボランティアも経験。

大学はアメリカに留学。映画監督を目指して日々勉強。卒業後、ヨーロッパ、東南アジアなど世界をバックパックでまわった。一番印象に残った国はインドで、人々の生命力に圧倒された。

反戦の思い強く

帰国後、映像関係の会社に勤務、その後戦火に苦しんだコソボの高校生を日本に招くプロジェクトに参加。NATO軍からの空爆を経験した高校生達の「米テロは当然の報い」という言葉に衝撃を受ける。武力行使は「憎しみの連鎖を作るだけ」。アフガン、イラク戦争にひた走る米国を唯々諾々と支援する日本政府の方針に怒りを覚えた。

自分も反戦の声をもっと挙げねばと、戦前から命がけで反戦の旗を掲げ続けてきた日本共産党に入党。

市民団体職員として格差と貧困の解消に全力

2003年、26歳で府議会議員選挙に挑戦

し落選。その後も２００７年、２０１１年と挑戦。その間、低所得者や生活保護受給者を支援する団体、「生活と健康を守る会」の事務局員として９年間勤務。生活相談の件数は７０００件に上る。夫からのDVで食事も与えられずやせ細った女性からの相談や、多重債務で苦しむ方々の問題解決に奔走。「格差と貧困は１００％政治が作り出した。解消する責任は政治にある」との思いを強くする。

参院選挙に立候補

「政治のおおもとを変えなければ」と２０１３年36歳で参院選に挑戦。大阪で「新自由主義」、「自己責任論」をかざし、戦前まがいの思想調査まで行った維新政治との対決。日本共産党としては15年ぶりに大阪選挙区で議席を獲得した。

　当選後、国土交通委員会、経済産業委員

会、予算委員会などに所属。「質問時間の1秒たりとも無駄にはできない」と挑んだ論戦は200回。貧困ビジネスである「脱法ハウス」に始まり、実情に合わない児童扶養手当の支給回数、コンビニ大手セブン-イレブンの労働時間切り捨てなど深刻な実態を告発し、改善を実現した。大阪市立住吉市民病院廃止、公立保育所・幼稚園の集約・統廃合など、維新政治のもとで苦しむ大阪府・市民の声、大阪北部地震での被災者の切実な声も国会に届けてきた。

2017年以来、森友疑惑追及チームの責任者として論戦。大阪府豊中市の国有地がどのようにタダ同然で森友学園（大阪市）へ売却されたのか、安倍政権の国政私物化を暴く。国側と森友側が値引きのための「口裏合わせ」をしていた、「価格の交渉はしていない」と言っていたことが虚偽だった、安倍晋三首相の妻・昭恵氏付きの政府職員が土地の賃料の優遇を求めていた――など入手した新資料を次々示し、政府に認めさせ、メディアも注目した。

たつみコータロー（辰巳孝太郎）

家族は妻、１女、２男。

好物はマーボー豆腐。留学時代にチャイナタウンで食べたのが病みつきに。

趣味は映画鑑賞と格闘技観戦。映画ベスト１は「ゴッドファーザー」。

ボクシング、総合格闘技観戦も楽しみ。貧しい家庭に生まれたボクサーが、厳しい減量の中で闘う姿に感情移入する。好きなボクサーはマニー・パッキャオ。

留学生時代に長距離バスでアメリカ大陸を横断。帰国後もお金を貯めてヨーロッパやアジアの国々をバックパッカーの一人旅で訪問。知らない所に行くのが好きで、裏通りや市場などを自分の足で歩くのが何より。

コータローを語る

参議院議員　党副委員長　山下よしき

チャレンジャーですよ、彼は。新しい課題に挑戦するという、チャレンジャーとしての精神がすごくあると思うんです。だからこそ彼は他党からも「若手のエース」だという風にみられるようになっているわけです。

すごいですよ、こだわり方が。森友疑惑でね、どうやって追いつめていくかということで、いろんな籠池氏関連の音声データを独自に入手して、もうお正月の期間ずーっと5時間を超えるような音声データを自分で起こして…まぁ、執念ですよ。国会に送ってもらった自分がやらなければならない役割だという自負なんでしょうね。

今参院大阪選挙区では自民・公明・維新以外に議席として持っているのは、コータロー議員しかいないんですね。今の安倍さんの暴走を止めようと、維新の大阪市壊しを止めようと、そういう方にとっては唯一と言っていい宝の議席。絶対に失うことはできないと思っています。僕は大阪だけではなくて日本の未来を切り拓いてくれる政治家になってくれる人だと思っています。私も一緒に、比例代表のほうでがんばらせていただいて、力を合わせて日本共産党の躍進と野党共闘をすすめていきたいなと思いますね。

第1章

森友事件700日の記録

Moritomo Gakuen

プロローグ

2016年11月、議員会館の私の控室に3人の財務官僚が来訪し、その年の6月に払い下げられた大阪府豊中市の国有地の売却額が、公表されずに「黒塗り」になっていることについて説明を始めた。

説明者からは、「黒塗り」に不服の場合、異議申し立てを申請すれば、審査会において議題となり、売却額公開の是非について審議されることなど、情報公開制度上の一通りの説明がなされた。

この時私は、売却額が購入者の希望によって非公表となっていることについてさほど疑問には思わず、この件を私に持ち掛けてきた日本共産党の山本一徳豊中市議会議員には後日、財務官僚の説明をそのまま伝えることにした。

ただ一つだけ引っ掛かることがあった。それは、控室に訪れた3人の財務官僚のうち1人が、退室間際に発した独り言だ。

「なぜこんな事までしなければならないのだろう」

忙しい官僚にとって国会議員への説明が余程面倒だったのだろうか。しかしそうだとしても、それを口に出して言う者はいない。彼の不満げなつぶやきが、私は意外に思ったし、気になった。

彼の真意を理解したのは、それからしばらく経ってからである。彼の名は田村嘉啓《よしひろ》。役職は財務省理財局国有財産審理室長。学校法人森友学園理事長の籠池泰典氏から、埋設物の処理について直談判を受けた人物である。籠池氏からの要望を取り次いだ、安倍首相の妻安倍昭恵氏付き職員の谷査恵子《さえこ》氏からの照会を受けた人物でもある。森友事件のキーマンの１人だ。

後に公文書の改ざんに関わって処分もされることとなる田村氏は、この問題が公になり国政を揺るがす一大疑獄になることを、この時点で予感し苛立っていたのではないか。これが私と森友事件の最初の接点だった。

国有地が大幅値引きされ、軍国学校が開校寸前

２月は日本共産党参議院議員にとって、３月から始まる予算審議に向けた「仕込み」の時期だ。ＴＶ中継される全大臣出席の総括質疑は、各党幹部が質疑に立つが、その他の集中審議やＴＶ中継されない一般質疑は、どの議員にもバッターが回ってくる可能性がある。そのため、２月に衆議院で予算委員会が開かれている間、我々は質問で取り上げるべき国政課題の調査を本格化させ、出番に備えるのだ。

私は前年の臨時国会でも取り上げた多国籍企業の課税逃れ問題や、保育所待機児童問題、原発再稼働や輸出、生活保護費引き下げ問題などを念頭に置いていたが、決めかねていた。

国有地の売却額 非公表

大阪・豊中 市議、「不当」と提訴

財務省近畿財務局が学校法人に払い下げた大阪府豊中市内の国有地をめぐり、財務局が売却額などを非公表にしていることが分かった。朝日新聞が調査したところ、売却額は同じ規模の近隣国有地の10分の1だった。国有地の売却は透明性の観点から「原則公表」とされており、地元市議は8日、非公表とした財務局の決定の取り消しを求めて大阪地裁に提訴した。

近畿財務局が売却した土地では私立小学校の校舎建設が進んでいる＝７日、大阪府豊中市

価格、近隣地の１割か

売却されたのは、豊中市野田町の約8770平方㍍の国有地。近畿財務局が2013年6～9月に売却先を公募し、昨年6月に大阪市内で幼稚園を営む学校法人「森友学園」に売った。契約方法は、公益目的で購入を希望する自治体や学校法人、社会福祉法人などを優先する「公共随意契約」がとられた。

この契約について、地元の豊中市議が昨年9月に情報公開請求したところ、財務局は売却額などを非公表とした。朝日新聞も同年12月に公開請求したが、今年1月に同じく非公表とされた。国有地の売却結果は透明性と公正性を図る観点から、1999年の旧大蔵省理財局長通達で原則として公表するとされている。だが、財務局は取材に「学園

■近畿財務局が森友学園に売却した大阪府豊中市の国有地（8770平方㍍）をめぐる経緯

2010年3月	豊中市が東隣の国有地9492平方㍍を約14億2300万円で購入
11年7月ごろ	8770平方㍍の国有地について、別の学校法人が７億円前後の価格を財務局に提示。価格交渉が折り合わず、同法人は約１年後に取得を断念
13年	財務局が8770平方㍍の国有

土地売却をめぐる疑惑を報じた「朝日新聞」（大阪本社版2017年２月９日）

そんな時、「朝日新聞」２０１７年2月9日に「国有地の売却額非公表」「価格、近隣地の1割か」とする記事が掲載された。前年の11月に財務省から説明を受けたあの件だ。価格が近隣地の1割？そんなことがあり得るのだろうか。

まず基本的情報の収集が必要だ。入手した不動産登記には学園が２０１７年4月に小学校を開設できない場合、国が土地を買い戻す、いわゆる「買戻（かいもどし）特約」が1億３４００万円と記載されてはいるが、売却金額ははっきりしない。

しかし翌日10日、財務省はあっさり1億３４００万円が売却金額だと認めた。

当時の私のメモには「森友学園への国有地売却問題。今日になって財務省は売買金額非公表を一転公表に。土中にゴミが埋まっていた事が判明したので8億円割引し1億３４０0万円也。ゴミの搬出にそんなにかかる？」と記されている。

財務省は更地価格9億５６００万円の国有地をタダ同然で売り払っていた。「朝日新聞」の記事の最後には「名誉校長は安倍昭恵氏」と、記載されていた。

とにかく、これは国会で今すぐにでもただしたい。ただ通常国会は始まったばかりで、論戦の主戦場はまだ衆議院だ。私は前年の財務省とのやりとりや、「朝日新聞」の記事のコピーなどを、衆議院財務金融委員会所属の日本共産党の宮本岳志衆議院議員に渡し、「宮本さん、これは是非取り上げてもらわないとあきませんよ」と持ちかけた。宮本さんは大阪府岸和田市が地元の議員だ。長身で一見強面だが話しやすい先輩で、私がこの話を持ちかけた時も、笑みを浮かべながら、面白そうなネタやなと言って、すぐに各種資料にあたり、徹底的な調査を始めた。

学校法人森友学園が運営する塚本幼稚園をネット動画サイトで検索すると、園児が教育勅語を唱和させられているものがいくつも出てきた。豊中市議会議員（無所属）の木村真さんは、軍国教育を行っている法人が地元に小学校建設を進めているということで反対運動を始め情報公開を求める提訴に踏み切っていた。

私が何よりまず園児の保護者の話を聞く必要があると考えていると、大阪市福島区の山田みのりさん（日本共産党福島区生活相談所所長）が、保護者の相談相手になっているという。山田さんに連絡をとってもらい早速、保護者数名から話をきくことができた。すると特異な教育内容以外にも、園内では人種差別的な言動が籠池泰典理事長の妻であり副園長の籠池諄子氏から発せられたり、ＰＴＡ会費の流用疑惑があることも分かった。

このような法人が小学校を開校することが本当に許されるのか。私は憤りと同時に、このような幼稚園が大阪にある事すら知らなかった自分を責める気持ちになった。

論戦の火ぶた

2月15日、学校法人森友学園への国有地売却問題が宮本岳志衆議院議員によって初めて国会で取り上げられた。宮本議員は、国や大阪府の審議会で、経営に不安のある森友学園への国有地売却に、懸念が噴出していた経緯を紹介しながら、核心に迫った。

宮本氏「２０１５年2月10日、先ほど申し上げた第１２３回国有財産近畿地方審議会の時点で、10年間の貸し付けで本当に10年以内に買えるようになるのかと危惧された森友学園が、打って変わって1年後の６月20日、貸し付け1年目にこの土地を買い入れたのだから、不思議に思うのは当然であります。しかも、その額はわずか1億３４００万円であった」

財務省・佐川宣寿《のぶひさ》理財局長「更地の不動産鑑定価格9億５６００万円から、その時点で借地契約中に見つかりました新たな埋設物がございまして、その埋設物を撤去する費用をきちんと見積もりまして、その撤去費用を差し引いた、まさに土地の時価でもって売却したものでございまして」

質問する宮本岳志衆議院議員
（2017年２月15日）［赤旗］

国は杭打ちが行われる部分は深さ9・9メートルまで、それ以外の校舎とグラウンドの一部に深さ3・8メートルまで埋設物があると仮定し、混入率47・1％としてゴミの量を1万9５００トンと推計し、1トンあたり処理単価2万２５００円を掛け合わせて見積額を8億1９００万円としていた。しかし実際の撤去費用は1億円程度とも、籠池理事長はメディアに語っていた。宮本議員は畳み掛けた。
宮本氏「理財局、埋蔵物の撤去費用を8億1900万円と積算し、国民の財産をわずか1億3000万円余りで売ってやる。買った側が、1億円で片づいたと語っている。これで問題ないいんですか」
佐川氏「いずれにしましても、撤去費用につきましては、国土交通省におきまして、工事積算基準に基づき適正に算定されたものでございます」

国が、森友学園が購入できる価格まで下げるために埋設物を過大に積算し、売ってあげた。そう思わざるを得ない答弁だった。

続く2月17日、衆議院予算委員会で安倍首相は、

「私や妻が関係していたということになれば、それはもう間違いなく総理大臣も国会議員もやめるということをはっきりと申し上げておきたい」


自らの進退までかけた自信満々の答弁だった。しかしこの答弁が、結果的に自殺者まで出す未曾有の公文書改ざんを引き起こすこととなる。

「今年の予算委員会は森友疑惑に集中だ」。私は調査を加速させた。

政治家の関与

３月１日、論戦の場は参議院に移った。まずは総括質疑。日本共産党のバッターは小池晃書記局長・参議院議員だ。

安倍首相を追及する小池晃議員［赤旗］

小池議員は冒頭、「総理も、今回の国有地処分について与党議員から働きかけはなかったのかという質問に対して、一切なかったと答えているが本当になかったのか」と述べた後、驚きの資料を取り上げた。それはある自民党国会議員事務所の面談記録であった。２０１３年８月５日から始まったメモには、

８月５日、陳情者　籠池泰典理事長　来訪相談「塚本幼稚園が小学校設立希望の件。豊中市の国有地借地を希望。近畿財務局より、学校の場合は購入のみと回答あり。８年間は借地にてその後購入とできないか」

その後、８月21日、27日、30日、９月９日と籠池氏からの報告が続いて、

９月13日、「籠池氏から相談あり。９月12日、大阪府庁に近畿財務局の国有財産管理官が来て、小学校設立認可の

お墨付きが必要。大阪府は、土地貸借の決定が必要。ニワトリとタマゴの話、何とかしてや」

その日の午後、近畿財務局からの回答があり、「ある意味、ニワトリ、タマゴの話ですが、前向きにやっていきますから」と、具体的な記述が続く。

10月12日には籠池理事長夫妻が来訪。

「小学校用地の件。近畿財務局と大阪航空局職員数名とともに現地視察。その際、事務方の判断できることではないというニュアンスを感じたので、上から政治力で早く結論が得られるようにお願いしたい、土地価格の評価額を低くしてもらいたい」

その後、何度も籠池氏や近畿財務局、国交省大阪航空局からの報告が続き、2014年1月31日には籠池氏より、

「小学校用地の件。近畿財務局と前向きに交渉中。賃料及び購入額で予算オーバー。賃料年間3500万円を2500万円に、売却予定額15億を7～8億円にが希望」

2015年の1月9日の記録では、籠池理事長からの相談で、

「国有財産貸借の件。本日、財務省担当者より、土地評価額10億、10年間の定期借地として賃料年4％、約4000万円の提示あり。高過ぎる、2～2・3％を想定。何とか働きかけしてほしい」

生々しいやりとりの記録だ。これが本当なら、籠池氏が政治家を使ってなんとか事態を打開しようとしていたということだ。

国は本来随意契約であっても、1円でも高く国有財産を貸出、売却するため、予定価格

は伏せたまま、まず買い手に購入希望額を入札させ、それが予定価格を上回っていた場合はそれを売却価格とし、逆に希望額が予定価格に満たない場合は改めて購入希望額を入札させ、これを三度まで繰り返す「見積合わせ」を行う。しかしこのメモでは貸付契約を結ぶ前から価格が飛び交っているではないか。

小池議員はこれらのやりとりが事実かどうか迫った。佐川氏は資料については承知していない、記録は廃棄した、を繰り返し、安倍首相も、「今読まれた文書はどういう文書かということも分からない。本当のことかどうか分からない」と誤魔化した。ところがその夜、事態は急転した。自民党の鴻池祥肇《よしただ》参議院議員がこの面談記録は自身のものだと記者会見で暴露したのだ。

鴻池議員事務所の記録は、事務所が財務省に籠池氏を紹介することを拒否した２０１６年３月で終わっている。

果たして、籠池氏が頼った政治家は鴻池氏だけなのか。「安倍案件」としての姿をくっきり見せていくのは、少し先の論戦まで待たねばならなかった。

現地視察で「１００万円の寄付」

野党が籠池氏の証人喚問を要求するなどして攻勢を強める中、参議院予算委員会は、豊中の小学校建設予定地の視察を決め、３月16日、現地へと向かい、私も理事の一人として加わった。当初は予定になかった籠池氏も視察に同行することとなったため、借り上げバスが現地に到着すると、数えきれないメディアとともに、籠池氏を支援する人達が奇声を発するなど、校舎の周りは騒然とした。校庭には埋設物が混入していると思われる土砂が野積みされていた。

校舎の中に入ると、いくつかの作業用具が散乱していた。鴻池氏に「中華料理屋」と形容された校舎は完成間近で、全体的には木製の柱も使用された立派な建造物との印象を、私は持った。籠池氏はグラウンドに一行が集まった際、敷地外のメディアにも届くほどの大声で叫んだ。

「我々がこの学園を作り上げようとしたのは、みなさんのご意志があってこそやと思っています。しかも、そのご意志の中には、誠に恐縮ですが、安倍内閣総理大臣の寄付金が入っておりますことを伝達します！」

参議院予算委員会の現地視察

籠池氏によると２０１５年９月５日、安倍昭恵氏が名誉校長に就任したその日に、昭恵氏は帯同していた秘書に部屋を外させ、籠池氏に１００万円を渡したという。

籠池氏は「名誉なことだから覚えている」と言い、妻の諄子氏を介し寄付を知った娘の町浪《ちなみ》氏も「ありがたい」と思ったという。その後、安倍昭恵氏は寄付を否定したが、籠池氏から安倍政権への宣戦布告に、事態は新たな局面を迎えた。

安倍昭恵氏の「確信犯的な関与」

安倍昭恵氏が国有地払い下げに、どのように関与し影響を与えたのか。森友事件の核心の一つである。昭恵氏は、２０１４年以降、森友学園に少なくとも三度訪問し、講演を行っている。「産経ニュース」の記事によると、

「昭恵夫人は昨年4月、同園の視察と教職員研修のため訪れたとき、鼓笛隊の規律正しいふるまいに感動の声を上げた。さらに、籠池園長から『安倍首相ってどんな人ですか?』と問いかけられた園児らが『日本を守ってくれる人』と答える姿を見て、涙を浮かべ、言葉を詰まらせながらこう話したという。

『ありがとう。（安倍首相に）ちゃんと伝えます』」（「産経WEST」２０１5年1月8日）

それだけではない。幼稚園で開かれた講演で昭恵氏は、

「ここから普通の公立の学校に行くと、普通の公立の学校の教育を受ける。せっかくここで芯が出来たものが、その学校に入った途端に揺らいでしまう」（２０１5年9月5日塚本幼稚園での講演）

と、小学校建設の意義を語っているのだ。とにかく相当な入れ込みようだ。森友学園だけではない。２０１8年3月28日、小池晃参議院議員の質問に安倍首相は、昭恵氏が務める名誉職は55に上ると答弁した。

一体どういうつもりで、昭恵氏はそれだけの名誉職に就いているのか。

興味深いエピソードがある。

昭恵氏は、「全国高校生未来会議」というイベントが2016年3月に議員会館で開催された時、自身のフェイスブックでクラウドファンディングを呼びかけ協力していた。

週刊誌の取材で協力の理由を問われた昭恵氏は、高校生未来会議を主催した一般社団法人リビジョンの代表である斎木陽平氏が、安倍首相の地元の有力な支援者の親戚だからと語った。また「良いことをやろうとするときは、『利用していいよ』と言っているので。私が若くて名前がない人たちは、信用を得るためにはすごく努力をしなくちゃいけない。信用のために使えるのだったら、使ってもらって全然いい」と答えている（「週刊新潮」2017年3月23日号）。昭恵氏の影響か、イベントには文科省と総務省が後援することになった。

昭恵氏は「天然」で「無邪気」で「世間知らず」であるがゆえに、狡猾な籠池氏に利用されたのではない。彼女は「首相の妻」あるいは「元首相の妻」である自身の名前に、「信用を得られる」価値があると分かっているのである。

森友学園の教育方針に共鳴した昭恵氏は、自身の存在が行政にも影響を与える事を百も承知の上で、「確信犯的に」名誉校長に就任しているのである。

世間では、これを「関与」というのではないか。

証人喚問「神風が吹いた」

衆参予算委員会は、３月23日に籠池氏の証人喚問を行うと決めた。籠池氏が昭恵氏から１００万円の寄付を預かったと述べたことに官邸が激怒し、「総理を侮辱している」として決まったのだ。政権は、証人喚問で籠池氏を吊るしあげようというわけだ。

この時既に安倍首相は、当初の「（籠池氏の）教育に対する熱意は素晴らしいと聞いている」「私の考えに共鳴している」（２０１７年２月17日）という賛辞から、「非常にしつこい中で、何回も何回も言って来られる」（同24日）と、理事長への評価を１８０度変えていた。

証人喚問当日、参議院第一委員会室前の通路にはメディアが溢れた。籠池氏が委員会室に入ると無数のカメラのシャッター音が響いた。私は自分が尋問されるわけではないのに手のひらに汗をかいた。

証人喚問はウソをつけば偽証罪に問われる。かつて緊張で手が震えて宣誓署名に時間がかかった

証人喚問に答える籠池氏［赤旗］

証人がいたが、籠池氏は非常に落ち着いていた。

山本太郎参議院議員（自由）「理事長御自身がはしごを外されたと強くお感じになる、怒りを覚えた政治家、３人ほどでも結構です、何人でも結構です、お答えいただけますか」

籠池氏「大阪府知事です」

山本氏「大阪府知事以外で、はしごを外されたと強くお感じになられる方いらっしゃいますか」

籠池氏「大阪府知事です」

私立学校設置認可基準のルールを変えてまで、森友学園の小学校建設を応援し、尽くしてきたのが松井一郎大阪府知事だ。それが今となっては、手のひらを返し、厳しい口調で法人を批判していることへの強い怒りが感じられた。森友学園と維新との関係は後述する。

宮本岳志氏「あなたは先ほど、午前中の参議院での答弁でも、このときから財務省が前向きに動いていると。非常に、生活ゴミが出てきてから、だあっと前向きに動いているということを感じたというふうにおっしゃいました。これは、一体どういう力がそこに働いたというふうにお感じになりますか」

籠池氏「私は、そのときは神風が吹いたかなというふうに思ったということですから、何らかの見えない力が動いたのではないかなと思いました」

神風。政治家関係者の関与を伺わせる言葉だ。

証人喚問では、１００万円寄付の授受についてもやりとりがあったが、この点について籠池氏の証言は一貫していた。この問題で憤激し、証人喚問に踏み切ったはずの政権与党は、結局籠池氏を偽証に問わなかった。

証人喚問で注目を浴びたのは、昭恵氏付き職員である谷査恵子氏だ。谷氏が２０１５年10月、籠池氏から受けた賃借料の値下げなどの要請を、財務本省に繋いでいたことが明らかになったのだ。対応したのが財務省理財局国有財産審理室長の田村嘉啓氏である。

谷氏は、その時の財務省からの回答を11月27日に籠池氏にＦＡＸしていた。このＦＡＸについての認識をただしたのが日本共産党の大門実紀史参議院議員だ。

安倍首相は要望に対する財務省の返答は「『ゼロ回答』であり、なんら影響はなかった」と強弁したが、それはごまかしだった。なぜなら、一見すると『ゼロ回答』のように見えるが、籠池氏の要求はその後にすべて実現しているからだ。

▽定期借地期間を50年に延長したうえ「早い時期に買い取る」↓16年６月の売買契約で実現
▽土地の賃料を半額に↓支払額を月額に直せば要望通り
▽森友側が立て替えていた工事費用の支払い↓16年４月６日に執行

実際は「ゼロ回答」どころか「満額回答」だったのだ。

国会を揺るがす音声記録

肉声に勝る説得力はない。言葉のニュアンス、声のトーン、場の空気がストレートに伝わる。文書でそこまでは難しい。

籠池氏が国とのやりとりを録音していたと聞いた時は心底驚いたが、籠池氏は非常に慎重な人物で、昭恵氏付きの谷氏に送った手紙もそうだが、国や大阪府と交わした資料やメモの多くを保管していた。我々が把握しているだけでも、２０１６年３月15日、３月16日、３月30日、５月18日の音声記録がある。それらが次々と流出し、安倍政権を追い詰めていく。「記録を廃棄」したことにして国有地格安売却の経緯を葬り去ろうとした政権にとっては痛手だったろう。

最初は２０１６年3月15日のもの。著述家の菅野完氏が公開した。これは3月11日に「新たなゴミ」が見つかったとして、籠池夫妻がその処理方法について財務本省に直談判した時のものだ。

当初、籠池氏は鴻池参議院議員に、財務本省へのアポを依頼したが、断られていた。そこで近畿財務局の職員から、本省で話のできる人物の連絡先を聞き出した。それが田村嘉啓審理室長だった。私がこの９カ月後に当該土地について訊ねた際、説明に来る人物だ。
籠池氏「どういう内容か、ご存知ですかね？」
田村氏「え、あの、報告は受けています。あの、もともと、あのう、この件の経緯がですね、あの、もう、貸付けをするっていうことが特例だったものですから」
籠池氏「今回はね、やっぱりね、あの方自身が愚弄されていると思ったから、僕来たんです。これはあかん、と。こんなことしてたら、大変なことになるなぁと思うたんです。だけどね、僕は自分のために来たんじゃないですよ、おかしいと思ったの」
「なんや、棟上げ式にね。首相夫人がこられて餅を撒くことになってるから。余計ね、僕はね、えらくびっくりしてしもたんですよ。これ、棟上げ式ずれるんちゃうかってというやつがあるでしょ、やっぱりね。こんなバカなことようやるなぁ」
会話の端々に安倍昭恵氏の存在を巧みに匂わせる籠池氏。安倍昭恵氏は、この時既に建設中の小学校の名誉校長だ。田村氏は、前年に昭恵氏付きの谷氏とやりとりしているので、そのことは当然知っている。
安倍首相は国会答弁で「名誉校長に安倍昭恵という名前があれば印籠みたいに『恐れ入りました』となるはずがない」と言っていたが、
田村氏「我々としては応援の気持ちでやっている」

と、全体の奉仕者であるはずの国家公務員が、行政の公平性をも逸脱して、森友学園に寄り添う姿勢を見せていたのである。

第2の音声記録「価格の提示」

次の音声記録も、森友学園への異常な優遇を示すものだった。佐川氏は答弁の度に「(森友学園に)価格を提示したこともないし、先方からいくらで買いたいと希望があったこともない」とし、国有地売却の正当性を主張してきた。

ところが、2017年夏に流出した第2の音声記録が政府答弁を完全に覆した。会話が録音されたのは2016年5月18日だ。国有地が埋設物の撤去費用として8億2000万円値引きされて、1億3400万円で払い下げられる1カ月前である。学園との交渉に一貫して関わってきたのが、近畿財務局統括国有財産管理官の池田靖氏だ。籠池氏との驚きのやりとりが記録されている。

池田氏「できるだけ早く価格提示をさせていただいて。そこそこの撤去費を見込んで価格計上をさせてもらおうと思ったんですよ。だから我々の見込んでいる金額よりも(撤去費が)少なくても我々は何も言わない」

籠池氏「だから、もうゼロ円に近い形で払い下げをして欲しい、本当はね。ゼロ円に極めて近い形や」
池田氏「有益費の1億３０００という数字をもう、国費として払っているので、その分の金額ぐらいは、少なくとも売り払い価格は出てくるっていう…」
籠池氏「（池田氏が）言っているやねえ、1億３０００が云々というものよりも、ぐーんと下げていかなあかんよ」
池田氏「理事長がおっしゃるゼロに近い金額まで努力する作業をやっている」

なんと契約前に価格交渉が行われていたのだ。しかも、「ゼロに近い金額まで努力する」というのは、ゴミの撤去費用を水増しすると言っているに等しいではないか。ちなみに「有益費の1億３０００万円」とは、前年の２０１５年、森友学園が地下埋設物を処理した際にかかった費用（実際は1億３２００万円）のことで、後に国が森友学園に支払った。埋設物処理によって土地には少なくとも1億３０００万円の価値があるので、それ以下では売れないということだ。

これまでの政府答弁と完全に矛盾する会話の内容に、当然国会は紛糾した。

「ふざけた」政府の対応

ところが、交渉のやりとりを赤裸々に語る音声記録に対する政府の答弁は、不誠実という他なかった。

「どういったものか分からない。いちいち（本人に）確認しない」

「許可なく一方的に録られたものだ」

などと、音声記録についての質問そのものを、受け付けないのだ。

音声記録を認めてしまえば、国有地を適正な手続きと適正な価格で払い下げた、という答弁との齟齬が生じてしまうからだ。

野党の畳み掛ける追及に堪りかね、少しずつ答弁し始めたが、これも噴飯ものの答弁だった。例えば価格の事前提示について、佐川氏後任の太田充理財局長は、「（音声記録について）金額についてはやりとりがございました。価格については、予定価格ということで御答弁を申し上げております」と、答弁したのだ。

つまり、「金額」と「価格」は別の概念だとして、「金額」についてのやりとりは認めた上で、佐川氏の答弁は「価格のやりとりがない」という意味なので、虚偽答弁には当たらないというのである。開いた口が塞がらないとはこの事ではないか。落ちるところまで落ちた財務省である。

第3、第4の音声記録を入手

2017年も終わろうとしていた時、我々は森友学園と近畿財務局、大阪航空局が2016年3月に噴出した埋設物の処理について協議する音声記録二つを入手した。一つは2016年3月16日に録音されたもの。もう一つは3月30日だ。二つの録音の合計は約5時間半にも及んでいた。私は全ての書き起こしを年末年始に休み返上で一気に行った。かなり骨の折れる作業であったが、籠池氏と職員の音声記録は、我々が追及してきたことの正しさが証明され、一つひとつはまっていく真相のピースに、私は興奮した。そしてこの二つの音声記録によって、国が大幅値引きを可能にするため「新たなゴミ」を捏造していたことが判明したのだ。

「新たなゴミ」の捏造

籠池氏が、杭打ちの過程で地中から押し出されたと見られる埋設物を確認したのが2016年3月11日だ。

15日には財務本省に押しかけ、田村嘉啓理財局審理室長との直談判に臨んだ。そこで田村氏は「（近財に）対応させます」と籠池氏に伝え、その指示を受け、大阪でセッティングされたのが16日の会合である。

この会合は、杭打ちの過程で噴出した埋設物の速やかな撤去を、籠池夫妻が厳しい口調で国に求める、というところから始まった。

ところが国は理解できない対応にでる。終始低姿勢で謝罪を繰り返したのだ。

しかしそもそも杭打ちの過程で出てきたゴミについて、国は謝罪する必要はなかった。なぜならこの埋設物は、２０１５年5月29日に交わした貸付契約書で明示されているものであるからだ。

契約書第5条において、森友学園は、大阪航空局などによって行われた地下構造物調査で明示された地下埋設物を了承し貸付契約を結んでいる。ここで明示された地下埋設物とは、およそ地表から3メートルまでのものである。

そのうえで、契約書第6条において、5条で明示された埋設物を森友学園が処理した場合には、除去費用を国が有益費として償還払い（後払い）されることになっていた。

大量のゴミが埋まっていることを承知で土地の貸付を受けた森友学園は、２０１５年８月から11月にかけて埋設物の処理を行い、その費用が1億３２００万円だったとして、翌年の４月に償還払いを受けている。

ただしここからがミソだ。実は埋設物はすべて処理されずに大量に残されたのだ。

２０１５年４月に近畿財務局の依頼で行われた土地鑑定では、大阪航空局の試掘調査報

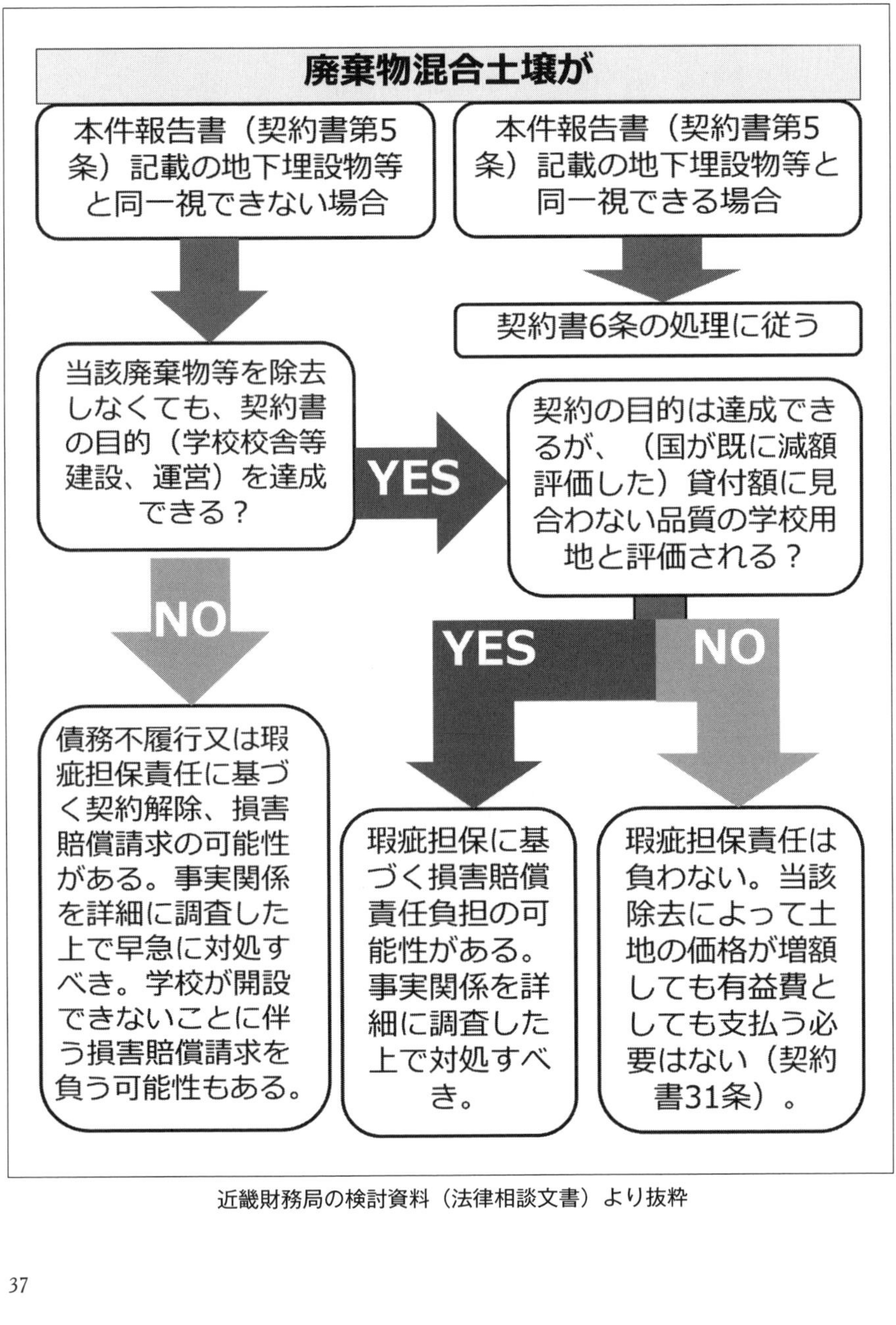

近畿財務局の検討資料（法律相談文書）より抜粋

告（2010年）にもとづき、地下埋設物は1万1700トンと想定されている。ところが森友学園が処分した埋設物はその16分の1の720トンにとどまっていた。地中の浅い部分にあったマンホールや土管以外のゴミは残したのだ。

なぜ残したのか。2015年9月4日、森友学園と近畿財務局、大阪航空局は、高額になる見込みの処理費用について話し合いを持っていた。

近畿財務局の職員は「建設に支障のないゴミは支払えない」と言い、結局、業者は掘り返したゴミを一部を除いて撤去せずに埋め戻す、「場内処分」をすることとなった。

埋設物をどこまで処理するかは森友学園の判断だ。森友学園は建設に支障のないゴミは残したのだから、翌年に実施された杭打ちの過程で、自らの責任で処理せずに残したゴミが出てきて大騒ぎするのは余りにも滑稽な話ではないか。つまるところ、国が謝罪する必要はなかったのである。改めて森友学園が埋設物を処理したいと言うのなら、森友学園が撤去し国に有益費の請求を行い、国が支払うというプロセスを踏めばよい。その結果翌年の開校が遅れる可能性は否定できないが、埋設物の処理範囲を決めたのは森友学園だ。国として損害賠償されるいわれはないのである。

ちなみに、籠池氏は2015年9月4日の会合に欠席しており、その後の工事で大量のゴミが処分されずに残されていたとは知らされていなかった。だとしても、それは森友学園の代理人として参加している工事業者や設計業者が施主である籠池氏に伝えるべきものであって、ここでも国の瑕疵はなく謝罪の必要もない。

ただし地表に出てきたゴミが貸付契約書に明示された既知の埋設物ではなく、3メートルより深いところから出た「新たなゴミ」である場合は、話は変わってくる。瑕疵担保責任で国の責任ある対応が必要になってくる。開校が遅れれば森友学園からの損害賠償請求もあり得る。

３月16日の時点では、出てきたゴミが既知のものか３メートル以深のものかは分かっていない。国が「新たな埋設物」と判断したのは、工事事業者が行った試掘穴を国の職員が確認した３月末以降である。

ところが３月16日の交渉で大阪航空局の職員は、

「今回出てきた産業廃棄物は国の方に瑕疵があることが、多分、多分というか判断されますので、その撤去については、国の方からやりたい」

「今出てきている部分がありますよね。そこについてはおそらく、瑕疵、国が知り得なかったもの。要するに我々は（前年）土壌汚染改良をやった残りだと認識していない。建築工事をやって杭を打たれて発生したものであると思っているわけです」

と、森友学園に伝えている。

つまり国は、出てきた埋設物が既知のゴミではなく、「新たなゴミ」だとして国の瑕疵担保責任をあえて負い、埋設物の撤去にかかると予想される費用を売却時に丸ごと値引きすることで、森友学園にタダ同然で国有地を入手させるスキームを早々に描いていたのだ。これは「新たなゴミ」の捏造に他ならない。結果、森友学園はタダ同然で国有地を手に入れることができた。逆に「新たなゴミ」でなければ、このような手法での売買はできなかった。

国の職員を帰らせた後、設計業者は籠池氏に、「実際問題、今日の解釈すごいと思う。予算の取り方の体裁の話だけで、結局全部やりますっていう話で、答え持ってきた」と、国の対応に驚きの言葉を発しているのも、そのためだ。

「ストーリー」を口裏合わせ

森友学園は、その後数カ所の試掘を行って、埋設物の確認と深度の計測を行った。3月24日には、国の職員も現場に行き、事業者が行った試掘を目視した。

しかし、ここでも問題が発生した。思った以上に深いところからゴミが出てこないのだ。深い箇所からゴミが出なければ「新たなゴミ」とは言えないではないか。3月30日の音声記録には、森友学園側と国が、3メートル以深のゴミを捏造するやりとりが残っていた。

国側の職員「前の*中道組《なかみち》さん（が）3メートルまで掘ってますと、その後で、柱状改良というのをやって、その下からごみが出てきたというふうに理解している。（中略）その下にあるごみというのは、国が知らなかった事実なんで、そこはきっちりやる必要はあるというストーリーはイメージしている。3メートル以下からごみが噴出していると いう写真などがもし残ってたら」

工事業者「ちょっと待ってください。そこは語弊があるので。３メートル下から出てきたかどうかは分からない。下から出てきたとは確定、断言できてない。そこにはちょっと大きな差がある。認識をそういうふうに統一した方がいいのであれば合わせる。でもその下から出てきたかどうかは、工事した側の方から、確定した情報としては伝えるのは無理」「３メートル下より３メートルの上からの方がたくさん出てきてるので、３メートル下からはそんなにたくさんは出てきていないいんじゃないかな」
国側の職員「言い方としては混在と。９メートルまでの範囲で」
工事業者「９メートルというのはちょっと分からない。そこまでの下は」
弁護士「そこは言葉遊びかもしれないが、９メートルの所までガラが入っている可能性を否定できるかと言われたら否定できない。そういう話だ」
工事業者「その辺をうまくコントロールしてもらえるなら、われわれは資料を提供させてもらう」
国側の職員「虚偽にならないように、混在していると。ある程度、３メートル超もあると。出るじゃないですか、ということ」
工事業者「あると思う」
国側の職員「そんなところにポイントを絞りたい」

＊中道組……２０１５年に地下埋設物の撤去工事を実施した事業者。杭打ちを含む小学校建設工事は藤原工業が実施。

3メートル下からのゴミはないというのなら、杭打ち過程で地表に押し出されたゴミはやはり貸付契約書で確認されている埋設物であって、「新たなゴミ」ではない。

しかし最後には工事業者も折れて、国と森友学園側が口裏を合わせ「新たなゴミ」が捏造されたのだ。

問題は、なぜこのような異常な対応がなされたのか、だ。思い出して欲しい。前年、財務省は安倍昭恵氏付き職員の谷査恵子氏から、籠池氏からの貸付料引き下げ要求等の照会を受けた。２０１５年５月の貸付契約から半年も経たないうちに「貸付料を半額にして欲しい」「10年以内の買取りは短すぎる。50年の定期借地にしてほしい」などと、森友学園は身勝手な要求を始めたのだ。この要求に財務省は凍りついたはずだ。

森友学園は元々財政収支に大きな不安を抱えていた。そのため２０１４年12月の大阪府私学審議会では、異論が続出し継続審議となった。

ところが、翌年1月27日の大阪府私学審議会では、財務状況のまともな審査もせずに「条件付き認可」を出したのだ。

一方、近畿財務局は、森友学園から土地取得の要望を受け、売り払いが原則の国有地を、資金のない森友学園のために異例の10年間の貸付契約にするなどして、森友学園に最大限の配慮を行った上で、事業の必要性、資金計画の実現性等について確認を行い、２０１５年２月の第１２３回国有財産近畿地方審議会に諮ったのだ。つまり、近畿財務局としても森友学園の資金計画に太鼓判を押しているのだ。

ところが5月の貸付契約から数カ月後に、「今の賃料では10年以内で買えない」と大幅な値下げを打診してきたのだから、焦ったに違いない。

仮に10年以内に森友学園が購入できなければ、国は国有地の返還を求めなければならない。そうなれば資金計画に太鼓判を押した財務省の判断も問われる。そして何より安倍昭恵氏が名誉校長を務めている小学校を頓挫させるわけにはいかないではないか。

そこで財務省は、２０１６年３月に出てきた埋設物を「新たなゴミ」として値引きの根拠にし、森友学園にタダ同然で買わせるスキームを考案したのだ。

国は国民の財産を不当に安く売却したとして背任罪に問われるべきではないか。

過去の調査でも3メートルより下にゴミはない

森友学園が２０１４年の12月、建設工事のために行った地盤調査報告書がある。ボーリング調査や原位置試験及び室内土質試験を実施して、地層構成を明らかにするとともに、土質特性を把握し、設計・施工の基本資料とすることを目的として行った調査である。

このボーリング調査において、およそ3メートルより下にゴミはない。ボーリングデータを見てもらった土木工事の専門家も同様の意見だった。

しかし国会での追及において、「私が聞いた専門家」では根拠として弱い。そこで私は、国立研究開発法人産業技術総合研究所（以下「産総研」）にボーリングデータを送り意見を聞くことにした。

産総研は地層を研究している国立の機関だ。政府も産総研の見解を流石に否定できまい。ただこのボーリング調査が森友学園のものである事は伏せておいた。国立の機関だ。忖度された回答が返ってくるおそれがある。

産総研からはすぐに返事が返ってきた。メールには、

「当該地域は、最近1万2000年間に堆積した『沖積平野』と呼ばれる地域で、主に未固結の粘土、泥、砂からなっています。ボーリングデータからは、2つのボーリングとも深度3・1メートルまではビニール片や木片が大量に入っているとの記載があり、おそらく深さ3メートル程度までは人工的に埋め立てた埋設土からなり、それより深い部分が天然の堆積物と思われます」

私はすぐに産総研の研究者に来てもらい当該地層についてさらに詳しく聞くことにした。私は率直に「この地層で3メートルより下にゴミがあると言えますか?」と聞くと、「専門家としては『ない』と答えるしかありませんね。常識です」と即答したのである。

2017年3月24日の予算委員会テレビ質問で産総研の見解をぶつけた。石井国交大臣はまともな答弁ができなかった。2017年11月30日の予算委員会では、

辰巳「今、おおむね地下3メートル以下は沖積層という話がありましたけど、沖積層って一体何なんですか」

河戸光彦会計検査院長「沖積層とは、約1万8000年前より後の最終氷期以降に堆積した地層を指すとされていると承知しております」

辰巳「数万年の経過でできた自然の堆積層に、なぜビニール片やマヨネーズの蓋が出てくるんですか。そんなものが発見されたら、それこそ歴史的発見じゃないですか」

後述する２０１７年11月に公表された会計検査院報告でも、

「工事事業者が用いた杭工事の施工方法では、施工深度の浅い部分に存在する廃棄物混合土から順に地表に押し出されるものと考えられる。よって、地表に押し出された廃棄物混合土は、施工深度の浅い部分に存在していたものであると考えられる」と結論付けた。

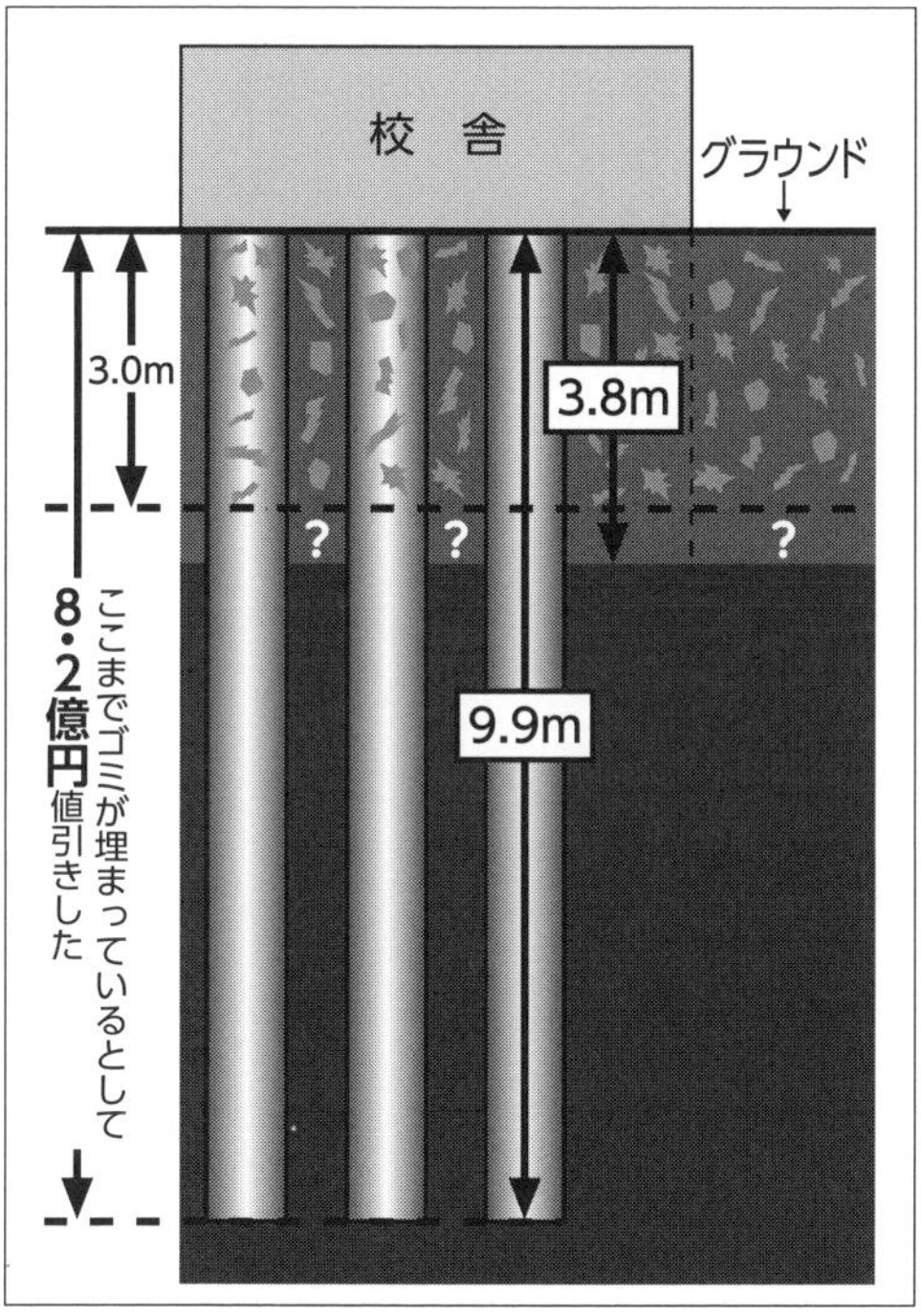

杭打ち部分は9.9mまで、校舎とグラウンドの一部は3.8mまでゴミが埋まっているとして8.2億円値引きされた

やはり政府が言う「新たなゴミ」はないのだ。

デタラメ報告書で8億円値引き

ないものを証明することを、「悪魔の証明」という。

国有地8・2億円値引きの根拠となった試掘報告書が2017年8月末にようやく提出されたが、これが全くのデタラメなものとなるのは必然だった。結局、ないものをあることにはできないのである。案の定、報告書に添付された写真は不鮮明で、国会質疑で様々な疑問が出されていた。

ここで触れておかなければならないのは、国土交通省の極めて悪質な対応である。試掘報告書の瑕疵は2017年秋の臨時国会で既に指摘されていたが、国土交通省は「事業者に説明を求めている」という答弁を繰り返し、自ら進んで調査する姿勢を一切示さなかったのだ。

その「求めた説明」もあくまで電話口で業者に求めたものであり、私は国交省が文書で業者に説明要請するよう予算委員会理事会でも繰り返し求めたが、国交省は頑として拒否。野党が求めた資料の提出を出来るだけ遅らせるためのミエミエの審議妨害だ。

2018年6月、大門実紀史議員と私とで予算委員長の控室まで行き直談判した結果、国交省はしぶしぶ文書による説明要請を受け入れた。私は報告書で使用された試掘写真のデジタルデータの提出も要求したが、求めたデータが参院予算委員会に提出されたのは、５カ月後の11月だった。デジタルデータを提出させるだけでもそれだけの時間をかけるのだ。本当に悪質なサボタージュだ。

私はすぐに写真のデジタルデータを解析した。その結果、なんと別々の地点で撮影したとされる３枚の写真（№７・10・11）に同一の物体が複数写っており、２枚については縮尺を合わせるとぴったり重なったのだ。

写真データにはＥＸＩＦ情報といって、撮影された日時が秒単位で記録されている。それに照らすと、14秒のシャッター間隔しかない写真が、報告書では50メートル離れた別々の試掘穴とされていたのだ。どう考えてもあり得ない話である。実際は同じ穴を撮った写真が、別の地点の写真として使われていたということだ。

そうなると奇妙なのは、ゴミの層の記述だ。それぞれの穴には、メジャーが差し込まれ、ゴミの層を確定している。同じ穴であれば当然ゴミの層は同じである。

ところが、同じ穴のはずがＡ工区№３の写真はゴミの層が０・８メートル〜２・７メートルに対して、Ｂ工区№４はゴミの層が０〜１・２メートルと記載されている。つまり徹頭徹尾、デタラメなのである。

２０１９年１月、ついに工事業者は文書で回答し、写真№７、№10、及び№11は同一の試掘穴であると誤りを認めた。国有地を８・２億円も値引きする根拠は完全に崩壊した。

大体、国交省は「３メートルより下にはゴミはない」と言っていた業者に、「地下深く

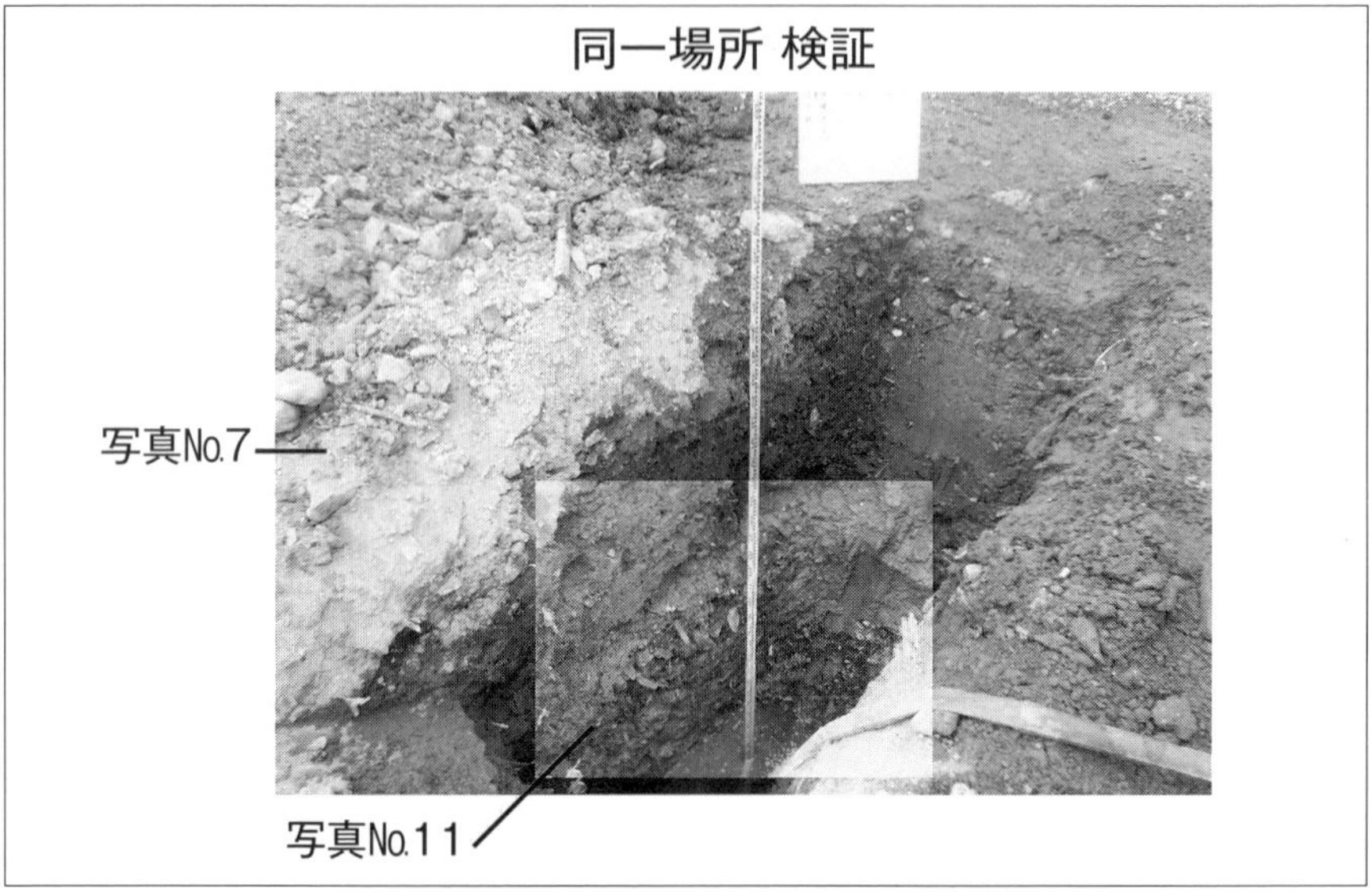

「別の穴」のはずが、ぴったり重なった

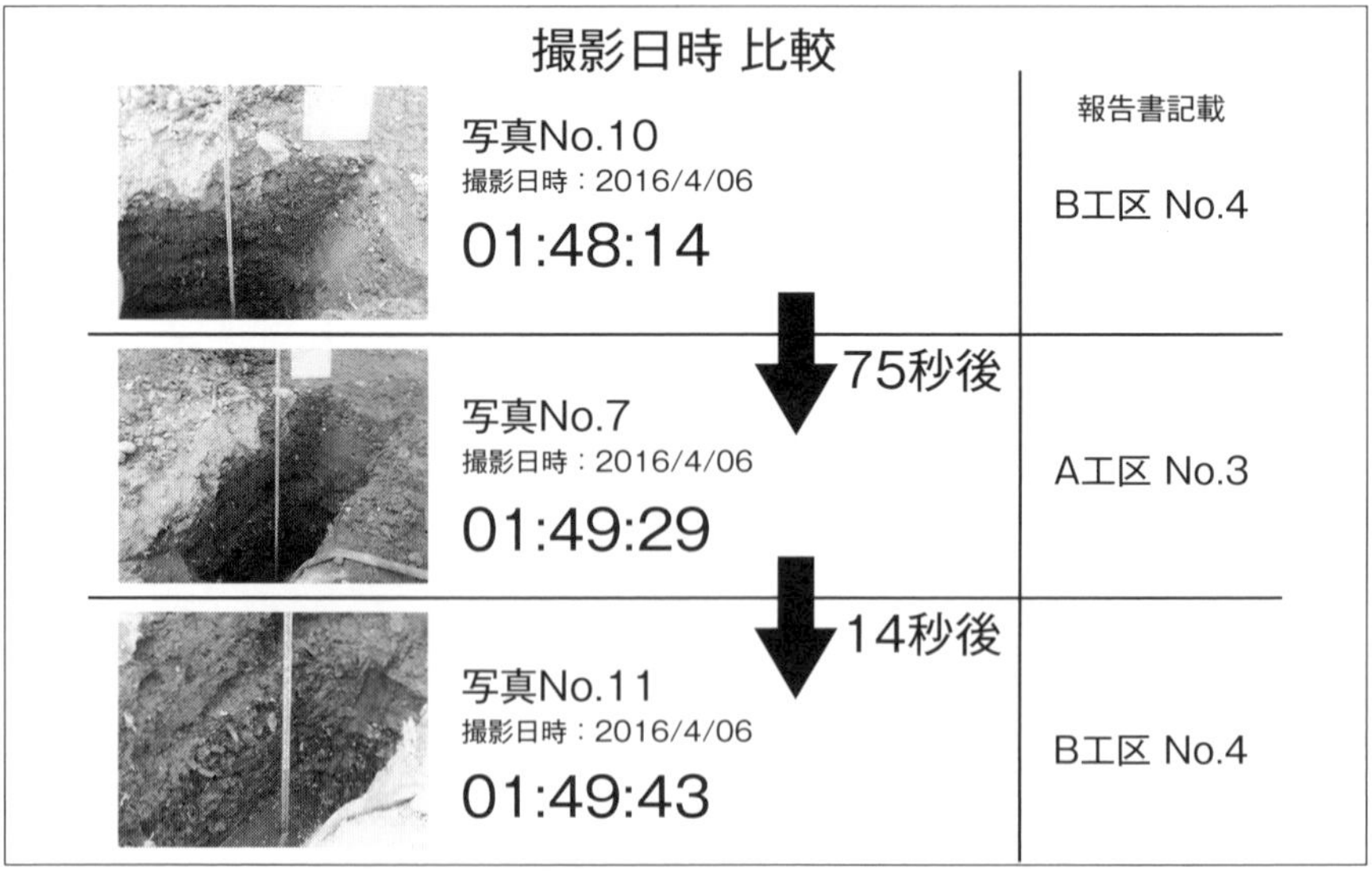

からもゴミが出てきたストーリー」に沿って、作成させたのが当報告書なのだから、まともになるはずがない。

国交省、財務省、森友学園は、この点でも共犯関係にあるのだ。

会計検査院報告

2017年11月22日、会計検査院の調査報告書が公表された。当報告書は、同年3月6日、参議院が国会法第105条の規定に基づき要請したものだ。報告書はゴミの撤去費用の算定方法について「十分な根拠が確認できない」「慎重な検討を欠いていた」と結論付けた。

会計検査報告書が、過大に値引きされている可能性のある金額を、書き込まなかったことに対する批判は免れない。

だが、森友学園への国有地売却は適正だったとし、野党が求める関係者の国会招致にも応じず、会計検査が行われていることを理由にして、まともに説明責任を果たしてこなかった安倍政権にとっては、報告書は痛かったに違いない。政権への追及は加速した。

近畿財務局は当初は契約に後ろ向きだった
——法律相談文書と決裁文書から分かった態度の急変

２０１７年11月22日に公表された会計検査院報告の前日に、検査院にこっそり提出された公文書がある。いわゆる法律相談文書である。

近畿財務局の中には法務監査官という部署があり、法曹資格を持った職員が法的アドバイスを他部署に提供している。提出された法律相談文書は管財部国有財産統括官と法務監査官とのやりとりを記したものであり、国有地売買の是非について財務局内でどのような検討がされたのかを検証するために必要不可欠なものである。

この文書はあまり注目されていないが、財務省が隠ぺいした森友学園との応接録と並んで契約の経緯が克明に記録されている貴重な資料であり、だからこそ財務省は森友疑惑が明るみに出て以降、10カ月近くも検査院にも国会にも提出をしてこなかったのだ。この法律相談文書から読み取れるのは、近畿財務局は、ある出来事まで森友学園との売買交渉に後ろ向きだったということだ。

本来、国有地の売り払いは、随意契約であっても土地の取得要望から、約2カ月で審議会にかけることとなっている。ところが、森友学園は半年経っても、審議会に諮るだけの資料を揃えることができずにいた。また、何かと難癖をつけてきていたので、近畿財務局としてはやっかいだと辟易していた。

そしてとうとう近畿財務局は審査のために必要な書類を一向に揃えない学園に対して、痺れを切らして三行半を突き付ける時がくる。２０１４年４月28日だ。

法律相談文書の「経緯」の部分に次の記述がある。

「いつまでも待てない」と説明。

事実上の契約交渉の打ち切り通告だ。

ところが約１カ月後の６月２日、近畿財務局は売払いを前提とした貸付けについては協力する、と態度を一変させたのだ。一体何があったのか。

その後明らかとなる改ざん前の決裁文書（「普通財産の貸付けに係る承認申請について」２０１５年２月４日）には、国の変化を決定づけた４月28日のやりとりがさらに詳しく残されていた。

「なお、打合せの際、『本年４月25日、安倍昭恵総理夫人を現地に案内し、夫人からは〝いい土地ですから、前に進めてください〟とのお言葉をいただいた。』との発言あり（森友学園籠池理事長と夫

なお、打合せの際、「本年４月25日、安倍昭恵総理夫人を現地に案内し、夫人からは『いい土地ですから、前に進めてください。』とのお言葉をいただいた。」との発言あり（森友学園籠池理事長と夫人が現地の前で並んで写っている写真を提示）。

改ざん前の決裁文書。改ざんにより５カ所の安倍昭恵氏に関する記述が削除された

人が並んで写っている写真を提示)。」

この写真とは、豊中市の小学校建設予定地を背景に3日前に撮影された、籠池夫妻と昭恵氏がおさまったスリーショットの一枚だ。昭恵氏が写った写真を見せられた近畿財務局は、慌てて本省理財局に相談。本省の判断で契約交渉の継続が決まったのだ。籠池氏の起死回生の一手だった。

籠池氏は2017年3月23日の証人喚問において、宮本岳志衆議院議員に、売買の経緯で「神風が吹いた」と証言したが、その正体はやはり安倍昭恵氏であった。

国と維新が二人三脚で

森友事件を語る時、決して落としてはならない重要な要素がある。それは維新の会の存在だ。

当時大阪府の私立小学校設置認可基準では、借入金による小学校設置が認められていなかった。小中学校設置実績がある法人は例外であったが、森友学園は幼稚園の設置のみで例外にあたらなかった。

そこで籠池氏は基準の変更を要求。2012年4月、府は籠池氏の要望通りに基準を変更したのだ。その後森友学園は２０１４年10月、府に小学校設置認可を申請し、２０１５年1月、大阪府私学審議会において「認可適当」の答申が出される。維新なくして小学校建設はあり得なかったのである。

それだけではない。府は森友学園への便宜を図るため、設置認可基準さえ歪めた運用を行っていた。認可基準では「学校用地の自己所有」が必要だが、２０１５年1月当時、森友学園は国に「土地取得要望書」を出しただけで、自己所有も、借地契約もされておらず、基準は満たされていなかった。府は、国との二人三脚で「認可ありき」へ突っ走ってきたことは明瞭だ。

籠池氏からの要望は橋下知事時代に行われたが、規制緩和時は松井知事だ。なぜここまで森友学園への便宜が図られたのか。それは維新の会が、安倍昭恵氏らと同様、教育勅語を唱和させる、復古的教育を推進する小学校設置を応援したかったからに他ならない。

事実、改ざん前の決裁文書では維新に所属していた国会議員５人についての記述があり、平沼赳夫衆院議員、中山成彬衆院議員が森友学園で講演会を行っていたことや、杉田水脈、三木圭恵、上西小百合の各衆院議員が学園を訪れていたことが記されている。

証人喚問でも、設置基準緩和を東徹府議に要請したこと、中川隆弘府議にも口利き依頼した事が分かっている。

２０１２年2月にもこんな事があった。

当時、森友学園は塚本幼稚園に隣接する新北野公園で、園児にラグビーやサッカーなどの球技を市に無届けでさせ、近隣住民からひんしゅくをかっていた。その後、住民から植樹や花壇の整備要望があり大阪市はその旨を一旦決定した。

しかし、計画を知った籠池氏が大阪市役所まで行って中止を要請し、途中からは維新の市会議員2人も加わり、6日後に控えた工事を中止に追い込んだのだ。

元々、森友と維新は蜜月の関係だったのだ。

府議会でも府の異常な特別扱いが問題となった。日本共産党の石川たえ府議会議員が、塚本幼稚園が大阪府の「特別支援教育費補助金」を不正に受給してきた問題を追及したのだ（2017年3月13日）。府議団の調査では、複数の関係者から証言が寄せられ、調べると塚本幼稚園は最高時、園児の14％が「要支援児」と申請し、そんな実態がないのに補助金を受け続けてきたのだ（同じ年の府内幼稚園からの申請平均は0・6％）。

10年間で受けた額は1・7億円。府はその後、告発しているが、当初は「調査もし、適正に執行している」と言っていた。見逃すはずのないものを、ここまで見逃してきたのも、維新と森友との特別な関係があったからではないか。

また宮原たけし府議会議員も小学校の校舎建設を請け負った藤原工業が、2013年に維新の会へ献金をしていたことを指摘した（2017年3月21日）。

維新政治は「政治主導」の名のもと規制緩和をすすめ、職員に対しては「無理だと言い訳をするな。スピード感を持って言われた事はとにかくやれ」などと、訓示してきた。職員基本条例などで職員を縛り付け、上には絶対服従、物言えぬ職場を作り、公務員の「全体の奉仕者」としての意識を削っていった。

そんな知事が従来のルールを変更し、森友学園に小学校建設の門戸を開いたのだから、小学校建設の認可は「業務命令」に等しい。大阪府私学審議会でも、森友学園による学校運営に大きな懸念が出されるなか、大阪府私学課は認可の方向へ誘導していた。

大阪府議会では未だに百条委員会が設置されず、肝心の資料も黒塗りのまま。真相解明に背を向け続ける維新の責任も問われている。

前代未聞の公文書改ざん

2018年3月2日（金）、「朝日新聞」は衝撃のスクープを打った。見出しは「森友文書　書き換えの疑い」だ。契約に至る経緯や、「本件の特殊性」、「価格提示を行う」との記載が決裁文書から削除されたという。

私はツイッターで「決裁文書が書き換えられていたなんてこれが事実なら佐川氏の首が飛んで済む話ではない。内閣ぶっ飛ぶ話」「いずれにしても一役人の判断でできるものではない」と書き込んだ。公文書の改ざんは憲法62条で保障された国政調査権の蹂躙に他ならない。

虚偽の文書が国会に提出されれば、立法府の重要な任務である行政監視は機能不全となる。そうなれば民主主義を支える三権分立は成立しない。公文書の改ざんは日本の民主主義の根底を揺さぶる、極めて深刻な犯罪的行為だ。

3月5日（月）、私は予算委員会で太田理財局長に詰め寄った。

辰巳「改ざんされる前の文書があるのかないのか、はっきり答えていただきたい」
太田氏「現在、大阪地検におきまして、背任のほか、証拠隠滅や公用文書等毀棄についての告発を受けて、捜査が行われており、財務省としては、この捜査に全面的に協力している段階であり、お答えをすることが捜査にどのような影響を与えるか予見し難いということのため、答弁は差し控えさせていただきたいというふうに考えてございます」
辰巳「捜査への影響というのは理由になりません。国会は国権の最高機関であります。国政調査権を有する国会において真相を明らかにしていくことと、全く矛盾しません。調査において真相を明らかにすることに、一体どんな捜査への影響があり得るのか。捜査に全面的に協力すると言うんだったら、国政調査権を持つこの国会が全面的にこの調査をしていく、このことが大事だ」

3月、参議院では連日予算委員会が開かれる。

しかし政府はすぐには改ざんを認めない。野党（維新以外）は3月5日の予算委員会以降、三度の予算委員会出席を見送らざるを得なかった。

これは「審議拒否」ではない。どのような悪法であっても、審議を通じて問題点を浮き彫りにし、国民世論と運動で廃案に持ち込むことが、日本共産党の基本姿勢だ。我が党は審議拒否の国会戦術はとらない。我々が委員会欠席を余儀なくされたのは、改ざんした公文書を、国権の最高機関である国会に提出していたという、民主主義の根幹を破壊する疑惑を政府が払拭できないなかでは、審議の前提がないからだ。

野党合同ヒアリング

疑惑解明に大きな力を発揮したのが野党合同ヒアリングである。

２０１８年2月の働き方データの捏造をきっかけに本格的に始まった野党合同ヒアリングは、メディア完全フルオープン。記録に残るという意味では、官僚にとって国会答弁と同様の責任と重みを持つ。しかも議員から質問の「事前通告」もなく、矢継ぎ早に質問が浴びせられるのだから、官僚にとってその緊張は計り知れない。

「朝日新聞」報道後、財務省はなかなか改ざんの事実を認めようとしない。

６日の予算委員会理事会でも、財務省は大阪地検の捜査を理由に全面調査に後ろ向きな姿勢を見せた。

８日の予算委員会理事会に仰々しく提出された決裁文書は、「改ざん後」のもので、当然紛糾した。事態を打開したのが、野党合同ヒアリングだった。

野党合同ヒアリング（2018年３月７日）

自由党の森ゆうこ議員が、5日に近畿財務局へ乗り込んだ際に入手した決裁文書の一部を公開したのだ。その決裁文書には、金額表記や名前、文末にサインペンのようなもので付けられた点状のマークがあった。これは官僚が誤字脱字などをチェックする際につける跡らしい。我々が提出を受けた決裁文書にはそのような痕跡はない。つまり2種類の決裁文書が存在することが分かったのだ。

　結局、追い詰められた財務省は9日、国税庁長官であった佐川氏を辞任させ、12日、とうとう改ざんを認め、佐川氏の証人喚問ものまざるを得

森友文書 書き換えの疑い

財務省、問題発覚

交渉経緯など複数

学校法人・森友学園（大阪市）との国有地取引の際に財務省が作成した決裁文書について、契約当時の文書の内容と、昨年2月の問題発覚後に国会議員らに開示した文書の内容に違いがあることがわかった。学園側との交渉についての記載や、「特例」などの文言が複数箇所でなくなったり、変わったりしている。複数の関係者によると、問題発覚後に書き換えられた疑いがあるという。

内容が変わっているのは、2015～16年に学園と土地取引した際、同省近畿財務局の管財部門が局内の決裁を受けるために作った文書。1枚目に決裁の完了日や局幹部の決裁印が押され、2枚目以降に交渉経緯や取引の内容などが記されている。

朝日新聞は文書を確認。契約当時の文書と、国会議員らに開示した文書は起案日、決裁完了日、番号が同じで、ともに決裁印が押されている。契約当時の文書には学園とどのようなやり取りをしてきたのかを時系列で書いた部分や、学園の要請にどう対応したかを記述した部分があるが、開示文書ではそれらが項目ごとなくなったり、一部消えたりしている。

また、契約当時の文書では、学園との取引について「特例的な内容となる」「本件の特殊性」と表現。

国会議員らに開示された、森友学園との国有地取引の際に財務省が作成した決裁文書（個人情報にモザイクをかけています）

財務省は国会で学園との事前の価格交渉を否定し続けているが、「学園の提案に応じて鑑定評価を行い」「価格提示を行う」との記載もあった。開示された文書では、これらの文書もなくなっている。

昨年2月、大幅に値引きされて土地が学園に売却された問題を朝日新聞が報道。国会で野党が「学園に便宜が図られたのではないか」などと追及し、財務省は否定する答弁を繰り返していた。関係者によると、文書の内容が変わったのは、昨年2月下旬以降とみられる。これらの文書の一部は国会議員からの求めに応じて開示された。

土地取引の決裁文書は保存期間が最長30年。会計検査院の検査に提出を求められることもある。決裁後の変更は、意思決定の経緯を

「朝日新聞」（2018年３月２日付１面）

なくなった。

その後野党合同ヒアリングは森友で35回、働き方改革や沖縄辺野古埋め立て問題など合わせて２０１８年中で１６７回にも上った。

安倍昭恵氏の記述5カ所が削除

改ざん前の決裁文書の中で昭恵氏の記述があるのは、２文書である。

一つは「特例承認の決裁文書①」（２０１５年２月４日）で、正式には「普通財産の貸付けに係る承認申請について」という文書だ。

もう一つは「特例承認の決裁文書②」（２０１５年４月30日）で、正式には「普通財産の貸付けに係る特例処理について」だ。

両方の文書にある「これまでの経緯」の部分に、前出の「いい土地ですから、前に進めてください」と、「H27．1．8　産経新聞社のインターネット記事（産経WEST 産経オンライン【関西の議論】）に森友学園が小学校運営に乗り出している旨の記事が掲載。記事の中で、安部首相夫人が森友学園に訪問した際に、学園の教育方針に感涙した旨が記載される」（原文ママ）がある。

そして「特例承認の決裁文書②」の「『学校法人　森友学園』の概要等」のページに「平成26年４月　安倍昭恵総理夫人　講演・視察」と記載されている。

なぜ近畿財務局は決裁文書に安倍昭恵氏の名前を書き入れたのか。そもそも決裁文書のなかの「経緯」とは、事の成り行きやいきさつの重要な部分を応接録などから抽出し、なぜ特例を認めるのか、後から文書を見た人でも分かるようにするためだ。

前述したように、当初近畿財務局は森友学園との契約には後ろ向きで、2014年4月には契約交渉の打ち切りも伝えている。昭恵氏と籠池夫妻とのスリーショットの写真によって国の方針が180度転換して「売払いを前提とした貸付に協力」となるのだが、近畿財務局は特例の条件が昭恵氏であることを明確にするため、あえて昭恵氏の名前を決裁文書に書き入れたと見るべきだろう。昭恵氏の「関与」なしでは、契約はなかったのである。

疑惑の2・22

公文書管理法第1条には「行政文書等の適正な管理、歴史公文書等の適切な保存及び利用等を図り、もって行政が適正かつ効率的に運営されるようにするとともに、国及び独立行政法人等の有するその諸活動を現在及び将来の国民に説明する責務が全うされるようにすることを目的とする」とある。これに照らしても財務省が犯したのは国権の最高機関を欺く行為であり、歴史の改ざんに他ならない。

そして問題の核心は、公文書の改ざんの動機は何か、そしてそれを誰が指示したのか、

森友疑惑が国会で取り上げられた直後の政府側の主な動き（2017年）	
２月15日	日本共産党の宮本岳志衆院議員が国会で初めて森友疑惑を追及（衆院財務金融委員会）
２月17日	安倍晋三首相が「私や妻が（国有地取引に）関係していたということになれば総理大臣も国会議員も辞める」と答弁（衆院予算委）
17～21日？	安倍首相が菅義偉官房長官に「（国会質疑で）特に私の家内の名前も出たから、しっかりと徹底的に調べろ」と指示
20日	財務省理財局が森友学園側に国有地のごみ撤去について「トラックを何千台も使って撤去したと言ってほしい」とウソ説明を要請
21日	民進党調査チームの近畿財務局ききとりに本省理財局田村室長が同席、決裁文書の政治家関係者に関する記述が問題になると認識。（室長はその後、総務課長、理財局長に報告。2018年６月の財務省調査報告書では日付は明らかにされていない）
22日	安倍首相の指示を受け菅官房長官が、佐川宣寿理財局長、太田充大臣官房総括審議官、中村稔理財局総務課長らを呼び、「国有地売却の経緯について説明」を受ける。この中で、安倍昭恵氏付きの政府職員が財務省国有財産審理室に問い合わせ、審理室が回答をしたとの経緯が報告される
24日	佐川理財局長が「近畿財務局と森友学園の交渉記録はない」と答弁（衆院予算委） 菅官房長官が記者会見で交渉記録がない問題を問われ、「決裁文書にほとんどの部分は書かれているのではないか」と発言
26日	昭恵氏の記述がある決裁文書を改ざん

だ。

２０１８年6月4日の財務省の調査報告書は、公文書改ざんの動機について、「国会審議において更なる質問につながり得る材料を極力少なくすることが主たる目的」と結論づけた。また「政治家関係者からの照会状況に関する記載など、決裁の内容には直接関係がなく、むしろ国会審議で厳しい質問を受けることとなりかねない記載は、含めない（こととした）」とも述べている。

森友学園との契約に関する決裁文書には、「安倍昭恵」という名前が5カ所に渡って存在し、改ざん後の文書ではそれらは全て削除されていた。

決裁文書には関与どころか、「いい土地ですから前に進めて下さい」と籠池氏が安倍昭恵氏を学校建設予定地に案内した際に発せられた言葉も記載されていた。安倍昭恵氏が破談寸前だった交渉を後押ししたことは明白だ。

では、公文書の改ざんは財務官僚が首相に忖度して行ったものなのか。２０１７年2月26日に財務省が改ざんを実行するまでの経緯を時系列で追うと、面白い事が分かる。

２０１７年2月22日、菅官房長官のもとで、ある会合が開かれていたことが、審議を通じて明らかになった。

会合のきっかけは、安倍首相だった。2月17日、首相が「私の妻が関与していれば総理も国会議員もやめる」と答弁した後、菅官房長官に「特に家内の名前も出たから、しっかりと徹底的に調べろ」と指示し、官房長官が理財局、航空局幹部を呼んでいたのだ。

大変奇妙だったのは、この会合について野党が取り上げた当初の太田理財局長の答弁だ。「問題のある土地の売買ではなかった」いう説明を、佐川理財局長と航空局長が行ったと答弁する以外、その会合の同席者については、一切口をつぐんで明らかにしようとしなかったのだ。

２０１８年3月30日、4月３日、衆議院財務金融委員会において、立憲民主党の川内博史議員が立て続けに会合の同席者を訊ねても、太田理財局長は、

「随行云々という話は、それは行った責任者が理財局長ですので、基本的にそういうことだと御理解をいただければと思います。私どもなりに理解するのに、説明するときに、基本的にトップ一人で行くタイプの人間もいれば、誰かを連れていって、その連れていった人間に説明をさせてという人間もいますけれども、そういうレベルの話でございますので、責任を持っているのは理財局長でございますから、理財局長が説明に伺ったということで御理解を頂戴したいと思います」（30日）

「同席者といって、特段の同席者がいれば、それは何らか御報告をしなければいけないということがあるかと思いますけれども、もう委員も御案内のとおり、普通に説明するときには、お一人か、あるいは担当する秘書官が一緒にいるかというレベルだと思いますので、そういう通常のお話だというふうに承知をしております」（同）

大変な狼狽ぶりである。

4月3日も同様のやりとりが繰り返されたが、後に会合の同席者が判明した。会合には、財務省からは、佐川理財局長他、太田充大臣官房総括審議官、中村稔理財局総務課長が出席していた。

太田氏は「特段の同席者はいない」とうそぶいていたが、なんと自分もその場にいたのである（会合は22日に2度開かれ、太田氏は2度目は不参加）。

さて、最大の問題は財務省理財局総務課長の中村稔氏が、会合の場にいたことだ。中村氏は、安倍昭恵氏の関与が記された決裁文書を決裁した人物である。

森友学園との国有地売買に関わって改ざんされた決裁文書は14にのぼる。うち13が近畿財務局での決裁だが、残り一つは本省決裁である。

近畿財務局の申請をうけ、本来売払いが原則であるはずの国有地を、最大10年間の貸付後に売却するという「特例承認」の決裁なのである。決裁権者である本省の幹部職員18人が電子決裁をしているが、そのうちの1人が中村氏なのである。

ちなみにこのような本省の特例承認決裁は5年間でこの森友学園との契約1件のみである。太田理財局長が同席者を隠したかったのは、菅官房長官との会合が開かれた時に、決裁文書の記載について完全に知りうる中村氏の同席を認めたくなかったからだった。

「家内の名前も出たから、しっかりと徹底的に調べろ」との、安倍首相の指示から始まったのが、22日の会合だ。中村氏は、決裁した本人なのだから、決裁文書のなかの安倍昭恵氏に関する記述を、菅官房長官に当然話しているはずだ。

ところが、だ。４月18日衆議院財務金融委員会で、太田理財局長は、中村氏に聞き取りをした結果として、「２月22日の時点では、（決裁文書の安倍昭恵氏の記述について）彼は気がついていなかったということでございます」と驚愕の答弁をした。

気付いていないも何も、中村氏は特例承認の決裁文書に決裁をしている人物だ。全く辻褄が合わないではないか。参議院財政金融委員会で追及する私に、太田理財局長はなんと、「（中村に聞き取りしたところ）中村は文書の中まで見ずに、決裁した」と答弁したのだ。嘘に嘘を重ねるとはこのことだろう。とにかく決裁文書にある安倍昭恵氏の名前を２月22日の会合までに知っている事は、不都合なのだ。では、中村氏はいつ知ったというのか。驚きの答弁が続く。

太田氏「それ以降、官房長官の会見での質問あるいは国会での御質問というのがあって、要すれば、決裁文書ということがこの永田町かいわいで議論が起きてきたときに、決裁文書だ、そうだそうだと思って、そのときに確認をしたというふうに彼は言っているというのは私は承知しております」

本当に白々しい。つまり、中村氏は２月22日の時点で、自分が決裁した事はおろか、決裁文書の存在自体頭になく、その後周辺からの言葉で思い出したというのだ。そんな馬鹿な話があるだろうか。

森友疑惑追及は宮本岳志衆議院議員が、２月15日に初めて取り上げて以降、17日、20日の衆議院予算委員会等、国会は森友一色となっていた。

とりわけ中村氏は総務課長として、各部局の業務を取りまとめ国会対応に責任を負う役割を担った人間で、当初は野党の聞き取りにも対応したことがあった。

個々の契約の経緯が記載されている最も重要な公文書が決裁文書であり、それを見ずに契約の全体像を把握することは不可能だ。理財局長に最も近い立場にあり、国会答弁に関わる総務課長が決裁文書を見ていなかったとは、余りにも無理筋の嘘だ。

ではなぜ隠したいのか。それは、菅官房長官が決裁文書の中の安倍昭恵氏の記述を知らなかったことにするためだ。そのために中村氏と昭恵氏が記載されている決裁文書との関係をことごとく遮断しているのだ。

菅官房長官が、2月22日に昭恵氏の記述に関する報告を受けていれば、安倍首相もその時点で知ったということになる。2月26日に始まった改ざんに官邸が関与した疑いが極めて強くなる。

私はふと、では一体決裁文書という言葉を初めて公で口に出したのは誰なのか、疑問に思ったので、調べてみた。なんとそれは菅官房長官であった。

先の太田氏の答弁にある「官房長官の会見」とは2月24日のものである。そこで官房長官は「基本的には決裁文書は30年間保存しているわけであり、そこにほとんどの部分は書かれているんじゃないか」と記者の問いに答えている。

その後、「決裁文書」が国会で出てくるのは、日本共産党宮本徹衆議院議員の2月27日の衆議院本会議討論だ。

「菅官房長官は、24日の記者会見で、基本的には決裁文書は30年間保存しているわけであり、そこにほとんどの部分は書かれているんじゃないかと述べられました。であるならば、本件にかかわる決裁文書全体を墨塗りすることなく提出することを強く求めるものであります」

と、菅官房長官の記者会見を引いて、決裁文書の提出を求めた事が分かる。つまり決裁文書について初めて公の場で言及したのは、菅官房長官なのである。

決裁文書には保存期限が10年や5年のものもあるが、菅官房長官は「決裁文書は30年保存」とはっきり述べている。森友の決裁文書の保存期限まで知っていたということだ。森友を担当する財務省の官僚が、まだ決裁文書の存在すら頭になかった時期に。

菅官房長官は、決裁文書の改ざんが始まる前に、昭恵氏の記述を知っていた疑いが極めて強い。そうなれば官邸の関与や指示も疑わざるを得ない。

私は2月22日会合当日の応接録を要求したが、財務省からの回答は「作成していない」だった。

もちろん、財務省は作成も保有もしているだろう。

総務課長

公文書改ざんにおいて、中村稔財務省理財局総務課長の果たした役割は重大だ。財務省の調査報告書においても、「（決裁文書改ざんは）国有財産行政の責任者であった理財局長が方向性を決定づけたものであり、その下で、総務課長が関係者に方針を伝達するなど中核的役割を担い」「（総務課長は）一連の問題行為について、理財局長に最も近い立場にあって、本省理財局内及び近畿財務局に方針を伝達するなど、中核的な役割を担っていたと認められる」とある。

近畿財務局の職員には公文書の改ざんに強い抵抗があった。国家公務員として当然の感覚だ。

ところが、本省理財局は改ざんを強要した。本省の意向を直接近畿財務局に伝える佐川氏の右腕の役割を果たしたのが中村氏であった。

森友事件において、政府の情報を出さない姿勢は徹底していた。「応接録は廃棄した」という虚偽の答弁を行ってまでの隠ぺい工作だけではない。現に保有している公文書の提出もできるだけ遅らせるのだ。

例えば決裁文書である。当初、参議院予算委員会が求めた決裁文書は貸付のものと売却のものであったが、売却の際の決裁文書は2017年5月の提出。貸付はその年の11月である。本来であればすぐにでも提出できるはずの決裁文書を出さないのである。

あるいは、事前のレクチャーやヒアリングで、事実関係の確認を求めるこちらの質問や疑問に対しては一切明らかにせず、国会答弁で明らかにするというやり方も頻繁だった。そうすることで、こちらとしては事実を積み上げて一気に畳み掛けることが難しくなる。

このような情報統制の司令塔が中村氏だった。

中村氏とは一度だけレクで向き合った。私がこれまでの録音データを一緒に聞きながら、一つ一つ事実を確定していこうではないか、とレクを進めようとすると、中村氏は激高して断固拒否。激しいやりとりが続いた後、中村氏はやってられないとばかりに部屋から出て帰ってしまった。

既に公文書の改ざんに手を染めていた中村氏にとって、森友疑惑の収束どころか、録音データの流出によってさらに過熱していく追及に恐々としていたに違いない。

この期に及んでの隠ぺい

国会答弁で何度も「廃棄した」と聞かされた、森友学園との応接録が国会に提出されたのは２０１８年5月23日だ。

その日、９５７ページの応接録と４０００ページの決裁文書が公表されることを受けて、参議院日本共産党控室では、赤旗記者と国会議員秘書が待機していた。

膨大な資料が到着すると、全員がすぐさま資料の精査に取り掛かった。これまで公になっていない情報はあるか、政府答弁と矛盾する資料はあるか、などをチェックしていった。

応接録をチェックしていた秘書が、あることに気づいた。籠池氏が近畿財務局にスリーショットの写真を示した２０１４年４月28日の応接録が欠落しているのだ。

改ざんされる前の決裁文書（2015年2月）には、

「なお、打合せの際、『本年4月25日、安倍昭恵総理夫人を現地に案内し、夫人からは〝いい土地ですから、前に進めてください〟とのお言葉をいただいた』との発言あり（森友学園籠池理事長と夫人が並んで写っている写真を提示）。」

と、昭恵氏の発言が掲載されているが、これは4月28日の応接録からの抜粋だろう。この応接録には、さらに詳しいやりとりが記録されているはずだが、ないのだ。太田理財局長も私の問いに「応接録は作っただろう」と答弁している。

957ページの応接録は出せて、この日の1枚が出せない。政権にとってよほど不都合な記述があるのだろう。恣意的に抜き取っていると、疑わざるを得ない。

この期に及んで、この政権はどこまで腐っているのか。

会計検査院への圧力

2018年5月28日、衆参で行われた予算委員会集中審議で、小池晃参議院議員と宮本岳志衆議院議員は、日本共産党が独自に入手した文書で政権を追い詰めた。

文書名は、「航空局長と理財局長との意見交換概要」。

２０１７年９月７日に、財務省理財局と国土交通省航空局が、会計検査院や国会を欺くために協議した事を示すものだ。

その日、理財局から太田局長、中村総務課長が、航空局からは蛯名局長、金井総務課長が一同に会した。

文書からは、ゴミの撤去費用として見積もった８・２億円が過大だという印象を持たれないように、会計検査報告書には金額ではなく、重さを記入させようと画策するやりとりが記録されている。

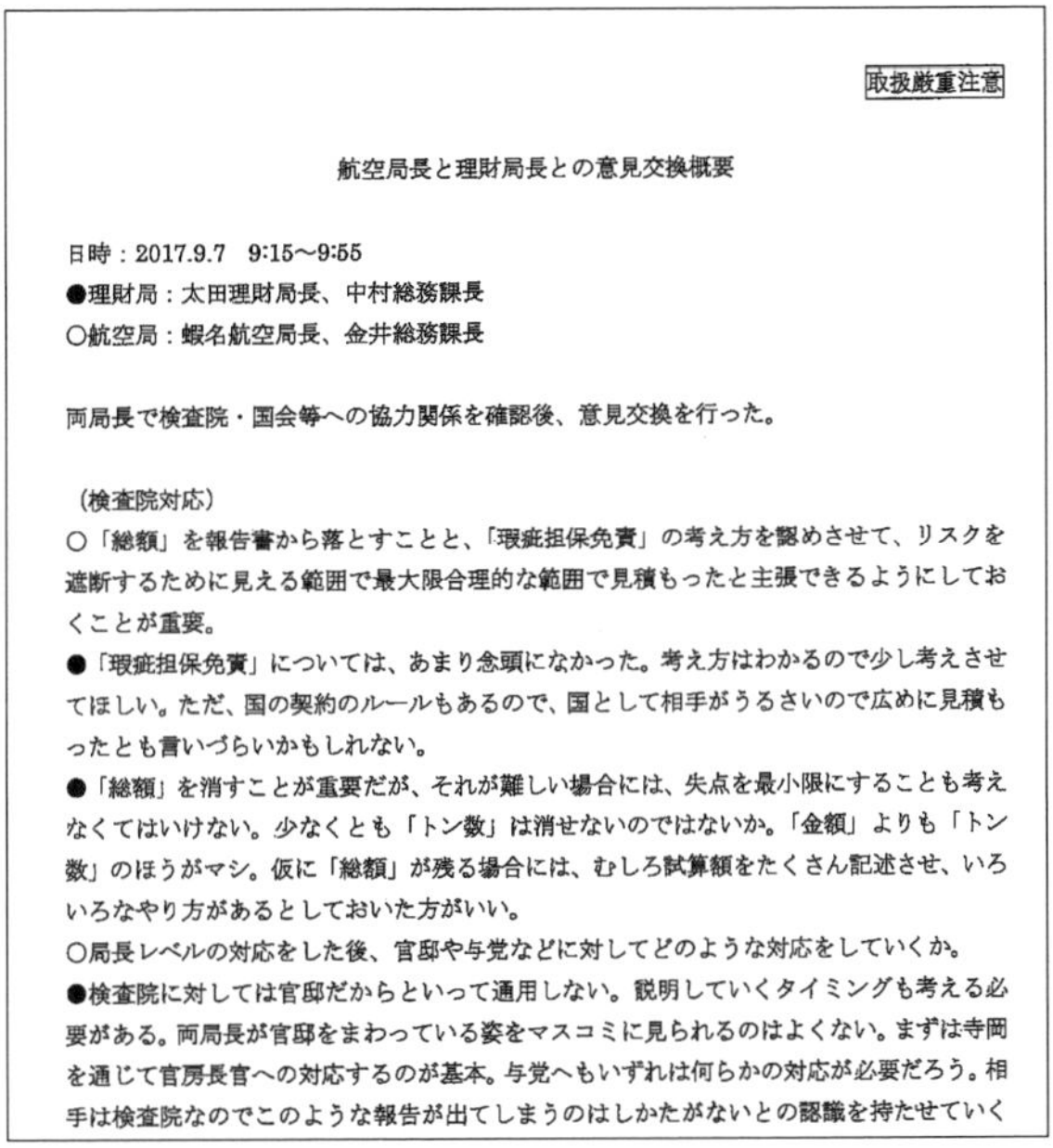
取扱厳重注意

航空局長と理財局長との意見交換概要

日時：2017.9.7　9:15〜9:55
●理財局：太田理財局長、中村総務課長
○航空局：蝦名航空局長、金井総務課長

両局長で検査院・国会等への協力関係を確認後、意見交換を行った。

（検査院対応）
○「総額」を報告書から落とすことと、「瑕疵担保免責」の考え方を認めさせて、リスクを遮断するために見える範囲で最大限合理的な範囲で見積もったと主張できるようにしておくことが重要。
●「瑕疵担保免責」については、あまり念頭になかった。考え方はわかるので少し考えさせてほしい。ただ、国の契約のルールもあるので、国として相手がうるさいので広めに見積もったとも言いづらいかもしれない。
●「総額」を消すことが重要だが、それが難しい場合には、失点を最小限にすることも考えなくてはいけない。少なくとも「トン数」は消せないのではないか。「金額」よりも「トン数」のほうがマシ。仮に「総額」が残る場合には、むしろ試算額をたくさん記述させ、いろいろなやり方があるとしておいた方がいい。
○局長レベルの対応をした後、官邸や与党などに対してどのような対応をしていくか。
●検査院に対しては官邸だからといって通用しない。説明していくタイミングも考える必要がある。両局長が官邸をまわっている姿をマスコミに見られるのはよくない。まずは寺岡を通じて官房長官への対応するのが基本。与党へもいずれは何らかの対応が必要だろう。相手は検査院なのでこのような報告が出てしまうのはしかたがないとの認識を持たせていく

2017年９月７日の会合記録

航空局「『総額』を報告書から落とすこと」
理財局「『総額』を消すことが重要だが、それが難しい場合には失点を最小限にすることも考えなくてはいけない。少なくとも『トン数』は消せないのではないか。『金額』よりも『トン数』のほうがマシ。仮に『総額』が残る場合

には、むしろ試算額をたくさん記述させ、いろいろなやり方があるとしておいた方がいい」

憲法や会計検査院法で「内閣に対し独立の地位を有する」とされている検査院に、財務省と国交省が介入しようとする生々しいやりとりが、暴露されたのである。

官邸に関する記述もあった。

理財局「両局長が官邸をまわっている姿をマスコミに見られるのはよくない。まずは寺岡(官房長官秘書官)を通じて官房長官への対応するのが基本」

結局、官邸と相談しながら検査院への介入を試みたということではないか。

日本共産党の質問後、検査院は11月に検査報告書が公表される3カ月前の8月、報告書の原案を、財務省と国土交通省に渡していたことを認めた。そして、その年の11月の検査院報告には金額は盛り込まれなかった。検査院が政権に屈したと言われても仕方ない事態だ。

驚きはそれだけではない。協議では公文書の取り扱いについても、すり合わせが行われ、

航空局「今後決裁文書等についてどこまで提出していくべきか」

理財局「ないものは出せないが、これまでもある程度出してきており、個人的には出せるものはできるだけ出した方がいいと思う。出てしまうと案外追及されなくなるという面もある。ただし、政権との関係でデメリットも考えながら対応する必要はある」

両局長は、文書にある9月7日に会合したことは認めた。ところが、文書の存否について航空局は、「(出席した)総務課長が作成したような記憶もある」と言いながら、「探したが見当たらない」。

我々が提示した文書は、確かに存在する。面白いことに、結局両局長からは当文書に記録されているやりとりの中身について否定する答弁は、一切されなかった。認めたも同然だ。

最高裁まで出せない文書

2018年6月18日、参議院決算委員会締めくくり総括質疑。私は入手した別の内部資料を暴露した。この文書は行政機関の間のやりとりの公表を巡って財務省と国交省がすり合わせした事を示すメモで、そこには本省理財局と近畿財務局とのやりとりの記録は「最高裁まで争う覚悟で非公表とする」とある。政府が改ざんを認めた後も、財務省と国交省は改ざんの過程が記されていると思われる重要な公文書を隠ぺいしていることを示すものだ。

辰巳「さらに驚くべきことは、近畿財務局と理財局とのやりとりの記録についてのメモの部分なんですね。こうあるんです。『近畿財務局と理財局とのやりとりについては、最高裁まで争う覚悟で非公表とする。』最高裁まで争ってまで隠したいものは一体何なのか。総理、改ざんを指示されていた近畿財務局の職員が追い詰められて自ら命を絶ちました。一体、本省からどのようなやりとりや指示が近畿財務局にあったのか、国民の前に真実を明らかにするべきです。近畿財務局と理財局とのやりとりを公表することこそ、うみを出すことになるんじゃないですか」

財務省は、近畿財務局との協議記録が存在することは認めた。ところがその提出については「役所の中のやりとりを公開することは、今後の職務の執行に支障が出るので公表は差し控える」と拒否している。国会と国民を欺き犠牲者まで出した公文書改ざんの強要が、どのように行われたのかをつまびらかにすることは政府の義務である。その公文書を出さないのは、つまり何の反省もしていないということではないか。

さらに、財務省、官邸、そして検察までもがグルになって事の真相にフタをすることが伺える記述が次のくだりだ。

「5月23日の後、調査報告書をいつ出すかは、刑事処分がいつになるかに依存している。官邸も早くということで、法務省に何度も巻きを入れているが、刑事処分が5月25日夜という話はなくなりそうで、翌週と思われる」

改ざん前の14文書と957ページに及ぶ森友学園との応接記録が国会に提出されたのが5月23日。当初、調査報告書も同時に出されると言われていたが、結局見送られ6月4日となった。

大阪地検特捜部に告発されていた、財務省と近畿財務局の職員計38人が不起訴処分となったのは、5月25日の翌週の5月31日だ。

官邸は当初、通常国会の会期末である6月20日までに、検察に不起訴処分を出させ、そして報告書を出して事件の幕引きを図る筋書きを描いていた。この文書はそのシナリオの実現のために、官邸が政治的中立の保障されるべき検察に介入していたことを裏付けるものだ。これを権力の濫用と言わずして何と言おうか。

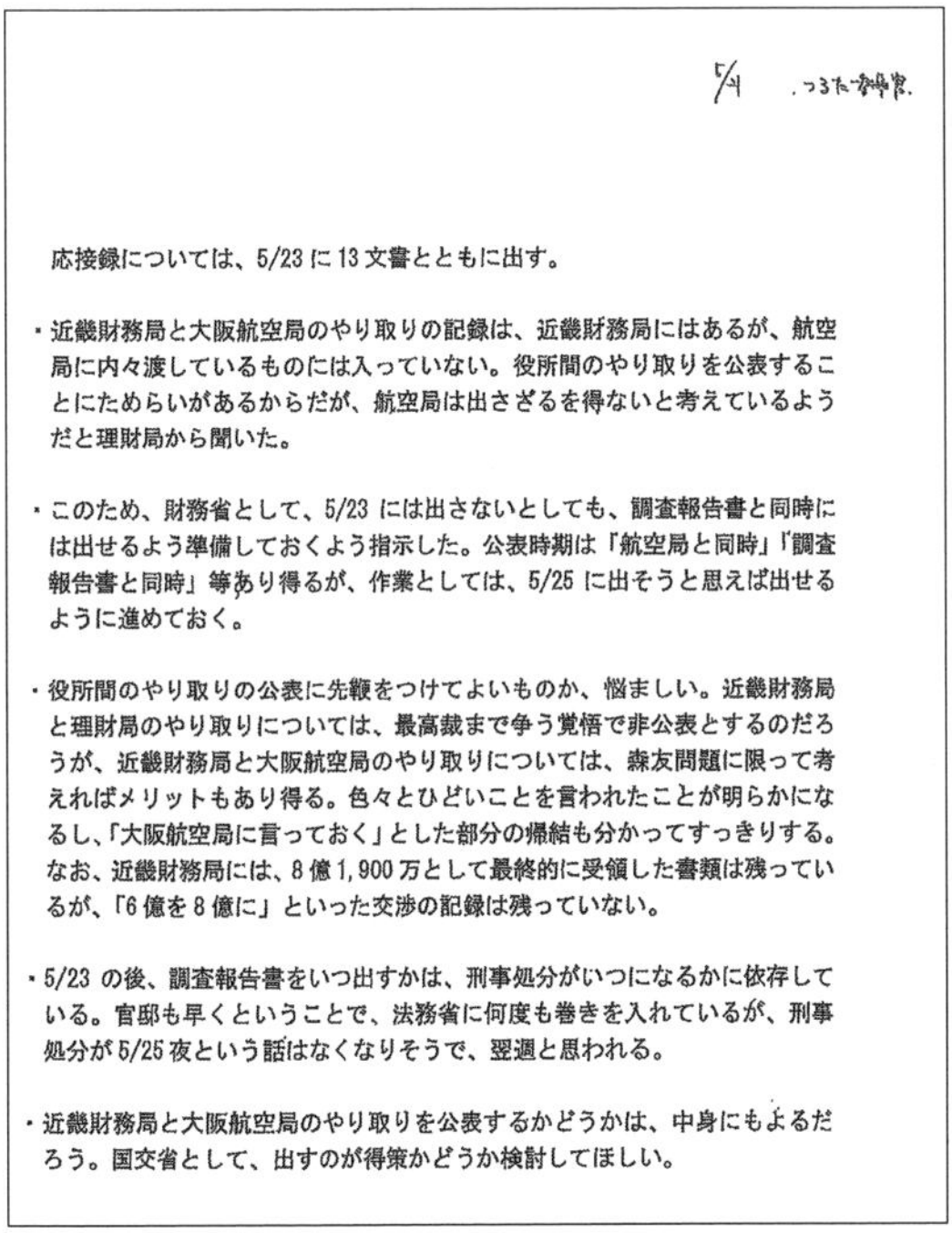
5/4

応接録については、5/23 に 13 文書とともに出す。

・近畿財務局と大阪航空局のやり取りの記録は、近畿財務局にはあるが、航空局に内々渡しているものには入っていない。役所間のやり取りを公表することにためらいがあるからだが、航空局は出さざるを得ないと考えているようだと理財局から聞いた。

・このため、財務省として、5/23 には出さないとしても、調査報告書と同時には出せるよう準備しておくよう指示した。公表時期は「航空局と同時」「調査報告書と同時」等あり得るが、作業としては、5/25 に出そうと思えば出せるように進めておく。

・役所間のやり取りの公表に先鞭をつけてよいものか、悩ましい。近畿財務局と理財局のやり取りについては、最高裁まで争う覚悟で非公表とするのだろうが、近畿財務局と大阪航空局のやり取りについては、森友問題に限って考えればメリットもあり得る。色々とひどいことを言われたことが明らかになるし、「大阪航空局に言っておく」とした部分の帰結も分かってすっきりする。なお、近畿財務局には、8億1,900万として最終的に受領した書類は残っているが、「6億を8億に」といった交渉の記録は残っていない。

・5/23 の後、調査報告書をいつ出すかは、刑事処分がいつになるかに依存している。官邸も早くということで、法務省に何度も巻きを入れているが、刑事処分が5/25 夜という話はなくなりそうで、翌週と思われる。

・近畿財務局と大阪航空局のやり取りを公表するかどうかは、中身にもよるだろう。国交省として、出すのが得策かどうか検討してほしい。

党が独自入手・公表した内部資料

ちなみに我々が暴露した文書の右上には手書きで「5／21　つるた参事官」とあるが、これは国土交通省大臣官房参事官の鶴田浩久氏のことだ。文書の存在にあやふやな態度を国交省はとり続けるので、私は鶴田参事官に直接の確認を求めた。すると国交省から返ってきた回答が、

「（鶴田は）文書にあるやりとりについて記憶にない」

である。

5月21日にやりとりがされたとして、私が暴露したのが6月18日で、その間1カ月に満たない。身に覚えがないのであれば、はっきり否定するはずで、「記憶がない」とは認めたも同然だ。逆に、本当に記憶にないのであれば、そのような人物を大臣官房参事官に据えた大臣の責任が問われる。

安倍政権は公文書改ざん、隠ぺい、虚偽答弁等、前代未聞の不祥事に何の反省もせず、いまだに国民を欺こうとしているのである。

驚愕の人事異動

2018年7月、財務省の人事異動が明らかとなった。開いた口が塞がらない人事だった。処分された高級官僚達はことごとく出世しているではないか。

文書厳重注意の岡本薫明氏は事務方トップの事務次官となった。佐川氏後任の理財局長

太田充氏は主計局長に。一方改ざんの中核的役割を担った中村稔氏は停職処分を受け、２年間は昇格できず格としては「横滑り」の参事官となった。しかし参事官は歴代事務次官が何人も務めてきた出世コースの一つで、２０２０年には昇格可能だ。

既に国税庁を退職していた佐川氏は、「停職３カ月相当」で、約５００万円減額された総額４５００万円の退職金が支給された。どれも国民の納得を得られるようなものではない。

しかし考えてみれば安倍政権にとっては必然の人事なのかも知れない。なにせ、未曾有の不祥事であっても、安倍首相にしろ麻生財務大臣にしろ政治家は誰も責任をとらずに、権力の座に居座り続けているのだから。部下だけに厳罰では、逆恨みで何をリークされるか分かったものではない。

しかしこの人事は当然のちに大きな禍根を残す事だろう。虚偽答弁、隠ぺい、公文書改ざんという犯罪的行為を犯しても、出世できるのだから。まさにモラル・ハザードだ。

第三者による調査を

政府というものは、野党が「隠ぺいだ」「虚偽答弁だ」といくら指摘しても、認めずに、「その時は探したが見つからなかった。（意図的ではないので）隠ぺいではない」、「（虚偽答弁というが）認識の違いだ」などと言って誤魔化すものだ。

森友事件において、政府は公文書改ざん、隠ぺい、虚偽答弁のすべてを認めて謝罪した。これは、議事録が残っている第1回国会（1947年）以来、初の事である。森友事件は文字通り未曾有の事件なのである。

2018年6月4日の財務省の調査報告書では、改ざん箇所の判断について、「政治家関係者からの照会状況に関する記載など、決裁の内容には直接関係がなく、むしろ国会審議で厳しい質問を受けることとなりかねない記載は、含めない」とした。

しかし決裁の内容には直接関係のないものを、そもそも書かないのが決裁文書だ。安倍昭恵氏が5カ所に渡って登場する決裁文書が意味するところは、「安倍案件」でなければ、とうてい決裁できない特例の契約だったということに他ならない。

また報告書では、改ざんは「国会審議において更なる質問につながり得る材料を極力少なくすることが主たる目的」だったとしている。

官僚も人間だ。誤って事実と異なった答弁をすることもある。しかしその時は答弁の修正をすればよい。

しかし、今回ばかりは修正ができなかった。答弁が安倍首相のものだったからだ。

「私や妻が関与していれば総理を辞める」

自らの進退をかけてしまったこの答弁を修正できないからこそ、公文書の改ざんに手を染めたのだ。

政治家からの改ざんの指示については、重大な疑惑として残っている。

結局、内部調査では、真相解明とはならない。国会で野党も含めた第三者の徹底調査が必要だ。

ここまで森友事件にこだわる理由

この2年を振り返って、日本共産党の追及は森友事件の論戦全体を引っ張った。衆議院では志位和夫委員長、宮本岳志、宮本徹、清水忠史、参議院では小池晃書記局長、山下よしき、田村智子両副委員長、大門実紀史、吉良よし子、仁比聡平、山添拓など各議員が論陣を張った。

ある週刊誌は「（音声テープなど）独自ネタを持ってきた」と日本共産党の論戦に最高点をつけた。

日本共産党はまだまだ小さな政党で、質問時間も限られる。それでも信頼し、様々な情報や内部告発をしてくれた方々がいた。これに応える論戦を続けなければならない。私は、2年間で森友事件を41回（２０１９年3月7日現在）国会で取り上げた。全国会議員の中で最多だ。

追及当初は、財務省が契約に関わる一般的な事実関係すらレクでも説明せず、ぶっつけ本番の追及を余儀なくされ神経が擦り減り体重が減ったりもした。朝の9時から夕方5時までの予算委員会に出席した後、資料を読み込み、質問作りをすると、たいてい午前零時を回った。

委員会で野党各党が追及するようになると、理事として政府答弁者のごまかしを聞き逃すまいと集中し、答弁が不十分な時は、率先して委員長席に駆け寄り質問時間のカウントを止め質問に答えるよう求めた。

2018年以降、大量の公文書や交渉の中身が次々と明らかになり、情報や事実の整理がより複雑になった時でも、最初から関わっている自分がやらねば誰もできない、真相が闇となっては相手の思うつぼだと奮起して取り掛かった。

地中深くにゴミがあるのか、ないのか。この問題が頭から離れず、ロビーで資料の読み込みに没入し飛行機に搭乗し損ない空港に取り残されたことも、3月4日の妻の誕生日を忘れるという大失態も犯した。

なぜここまでこだわって追及するのか。

一つは、国家の私物化を許せないからだ。

最高権力者の妻が肩入れした学園には国民の財産が格安で払い下げられ、それを隠ぺいするために公僕であるはずの公務員が公文書の改ざんに手を染め、不幸にも自殺者まで出たのに、トップは一切責任を取らない。民主主義国家で、こんな事が許される国はない。

二つ目の理由は、立法府が愚弄されているからだ。

予算委員会理事会で資料提出や関係者の証人喚問を要求

籠池氏からの要請を面談記録に残していた故鴻池祥肇氏は、参議院は官邸の下請けではない、とかつて国会で喝破した。

国会は官邸のためにあるのではない。全国民の代表として、行政を監視する義務がある。国会は国民のためにあるのだ。その点で与党の責任は重い。立法府に身を置きながら官邸と一体となり、疑惑解明に背を向け続けた。

記者会見で党独自入手資料を公表（2018年６月５日）［赤旗］

疑惑追及チームの会合（2017年２月27日）［赤旗］

大島理森衆議院議長は２０１８年通常国会閉会後の７月31日、談話を発表した。

「この国会において、議院内閣制における立法府と行政府の間の基本的な信任関係に関わる問題や、国政に対する国民の信頼に関わる問題が、数多く明らかになりました。これらは、いずれも、民主的な行政監視、国民の負託を受けた行政執行といった点から、民主主義の根幹を揺るがす問題であり、行政府・立法府は、共に深刻に自省し、改善を図らねばなりません」

最後の理由は、本当の事を知りたい

からだ。

国権の最高機関である国会で、官僚や総理大臣がこれほど平気でウソをつくとは、議員になる前は想像もしなかった。ウソばかりの政権と対峙すると、真実を知りたい欲求が余計に高まった。


最高権力者である安倍首相はいまだに権力にしがみついている。しかし、大きく確信にしていることが私にはある。それは教育勅語を暗唱させる、軍国主義的な小学校建設を頓挫させたことだ。2017年3月10日、森友学園は大阪府が不認可とする目算が強まったため、小学校設置認可の申請を取り下げた。

「安倍首相頑張れ」「安保法制成立良かったです」などと園児に言わせる学園の一番の犠牲者はもちろん子ども達だ。籠池氏は小学校を開校させた後、中学校の設立も視野に入れていた。瑞穂の國記念小學院ができていれば、第2、第3の同様の学校が、今度も政権の後押しでできていたかもしれない。

木村真豊中市議や山本一徳市議をはじめとする「森友学園問題を考える会」の方々が、最初に声を上げ、世論と国会論戦を経て、建設をストップすることができたのだ。

一方日本の民主主義は傷ついたままだ。安倍政権は今でも、周りにもウソをつかせ、厚顔無恥にも政権に居座っている。

腐敗にまみれた政権は、身内にも見放され、国民によって倒される時が来ると、私は信じている。官邸の圧力を受けた前川喜平氏が実名で告発し、近畿財務局はじめ全国の財務局職員OBが声を上げたように、真実を語るものが必ず出てくるだろう。

参議院選挙は、日本の民主主義を回復させ、政治を国民の手に取り戻す闘いだ。選挙を通じて安倍政権という膿を出せば、真相解明に大きく近づくことになる。

安倍政権を退陣に追い込むためにも何としても参議院選挙に勝ち抜く決意だ。

森友事件年表

2011年	
7月頃	森友学園・籠池理事長が大阪府に学校開設の基準の見直しを要望
2012年	
4月	大阪府が私立小学校設置認可基準を変更
2013年	
6月3日	近畿財務局、売却先公募開始（～9月2日）
9月2日	森友学園が（近畿財務局に）土地取得要望書を提出 ※この前後から森友学園が鴻池議員事務所に繰り返し相談・要望
2014年	
4月25日	安倍昭恵氏が塚本幼稚園で講演、小学校用地を籠池夫妻と視察
4月28日	近畿財務局が森友学園に「いつまでも待てない」と説明。籠池氏は交渉継続を要望。「安倍昭恵総理夫人を現地に案内し、『いい土地ですから前に進めてください』とのお言葉をいただいた」と発言し、昭恵氏と写った写真を提示 （近畿財務局はその後、本省理財局と対応相談）

6月2日	近畿財務局が森友学園に「協力する」と回答
10月31日	森友学園が小学校設置認可申請
12月6日	安倍昭恵氏が塚本幼稚園で講演。「ファーストレディとして思うこと」
12月18日	大阪府私学審議会12月定例会で設置認可について審議、答申を保留し、継続審議に

2015年

1月9日	近畿財務局が籠池氏に年間賃料４０００万円と伝える。籠池氏が鴻池事務所に「高すぎる」と相談
1月27日	大阪府私学審議会臨時会　小学校開設を条件付き「認可相当」
2月10日	国有財産近畿地方審議会が森友学園への土地貸付・売買予約了承
5月29日	近畿財務局が森友学園と定期借地契約。賃料年額２７３０万円。10年以内に買い取り
8月〜	埋設物・土壌汚染除去工事（〜11月）
9月4日	近畿財務局、大阪航空局、設計業者と建設業者の四者が埋設物処理の対応打合せ
9月5日	安倍昭恵氏が塚本幼稚園で講演。瑞穂の國記念小學院名誉校長に
10月26日	籠池氏が昭恵氏付き政府職員に賃料引下げなど手紙で要望
11月27日	昭恵氏付き職員が籠池氏に財務省の回答ＦＡＸ

2016年	
3月11日	森友学園、近畿財務局に「大量のゴミが出た」と連絡
3月15日	籠池理事長、財務省理財局国有財産審理室長に直談判
3月16日	学園側と近畿財務局、大阪航空局が協議
3月24日	森友学園が近畿財務局に土地買い取りを伝える
3月30日	学園側と近畿財務局、大阪航空局が協議。大幅値引きへ「口裏合わせ」
4月6日	大阪航空局が森友学園に前年の埋設物・土壌汚染除去費用1・3億円支払い
4月14日	大阪航空局がゴミ撤去費用を8億1900万円と積算
5月18日	籠池氏が近畿財務局に「ゼロ円に近い形で払い下げてほしい」
6月20日	土地の売買契約締結。1億3400万円、10年分割

2017年	
2月9日	朝日新聞が疑惑報道
2月15日	宮本岳志議員が国会で初めて森友疑惑を追及。
2月17日	安倍首相「私や妻が関係していたら総理も国会議員も辞める」と答弁 ※その後、首相は官房長官に「私の家内の名前も出たから徹底的に調べろ」と指示
2月20日	財務省理財局が森友学園側に「トラックを何千台も使って撤去したと言ってほしい」とウソの説明を要請

2月22日	菅官房長官に佐川理財局長、中村理財局総務課長、航空局次長らが報告・説明。
2月24日	菅官房長官会見「決裁文書にほとんどの事は書かれている」
2月26日	理財局が決裁文書を改ざん。昭恵氏や政治家関係者の記述を削除
3月1日	小池晃議員が自民議員事務所の面談記録を示し追及（参予算委）。同日、鴻池議員が会見し自身の面談記録と認める
3月6日	参院予算委員会が会計検査院に検査要請
3月10日	小学校設置申請取り下げ
3月16日	参院予算委員会の現地調査
3月23日	衆参予算委員会で籠池氏証人喚問
4月4日	理財局が電子決裁文書を改ざん
5月	財務省が改ざんした売買契約決裁文書を国会に提出
6月18日	通常国会閉会
7月5日	佐川氏が国税庁長官に。後任の理財局長に太田氏
7月31日	籠池夫妻逮捕
8月末	国交省、8億円値引きの根拠とする「試掘報告書」を提出
9月7日	理財局長と航空局長が会計検査院・官邸への働きかけを協議
9月28日	衆議院解散
10月22日	総選挙投開票

11月1日	特別国会開会（12月9日まで）
11月22日	会計検査院が検査結果報告

2018年

1月	財務省、法律相談文書の一部を国会に提出（2月に追加公表）
2月1日	参院予算委員会で辰巳孝太郎議員が質問。16年3月16日の音声データを公表
2月15日	衆院予算委員会で宮本岳志議員が質問。16年3月30日の音声データを公表
3月2日	朝日新聞　決裁文書「書き換え」疑い報道
3月9日	佐川国税庁長官辞任
3月12日	財務省が改ざん認める
3月27日	衆参予算委員会で佐川氏証人喚問
5月23日	財務省が応接録、決裁文書を提出
5月28日	衆参予算委。小池晃議員・宮本岳志議員が、理財局長と航空局長の「口裏合わせ」内部文書を示し追及
5月31日	大阪地検特捜部が財務省関係者38人を不起訴処分
6月4日	財務省が調査報告。関係者の処分発表。国交省が応接録を提出
6月18日	参院決算委で辰巳議員が新たな2文書を暴露し追及。「最高裁まで争う覚悟で非公表」と隠ぺい続け、官邸の検察介入も

7月22日	通常国会閉会
7月19日	財務局OB有志アピール
7月27日	財務省人事異動。厳重注意処分の岡本氏が事務次官に、停職処分の中村氏が参事官など
10月2日	内閣改造。麻生大臣留任
11月13日	試掘写真データが参院予算委員会に提出される
11月22日	会計検査院が追加検査報告
11月26日	参院予算委で辰巳議員が試掘写真データ解析を示し使い回しを追及。国交大臣が「同じ写真の可能性」認める

2019年

1月17日	野党合同ヒアリングin大阪
1月30日	工事業者が試掘写真の誤りを認める

第2章

Special talk

特別対談

「人間ってすごい」寄り添い合うあったかい社会へ

特別対談

診察室から見える社会の矛盾
手を差し伸べる社会へ

野党共闘の可能性―新しい政治へ
生活相談で対峙してきた貧困の現実

精神科医
香山リカ

×

参議院議員
たつみコータロー

――精神科医として多くの方を診てきた香山リカさん、生活相談７０００件や２００回の国会質問・活動を行ってきた、たつみコータロー参議院議員。香山さんの座右の銘は「生きてるだけで合格点」、たつみ議員のスローガンは「寄り添い立ち向かう」。暮らし、働き方、大阪そして日本の未来を語り合いました。

寄り添うこと――悩んで語られる言葉に感じる「人間のすごさ」

たつみ　香山さんとは、何度か大阪の集会でご一緒になりました。このようにお話をさせていただくのは初めてです。きょうはよろしくお願いします。

香山さんの本『大丈夫。人間だからいろいろあって』（新日本出版）を読ませていただきますと、精神科医として、患者さんと同じ目線で寄り添いながら診察をしておられると感じました。

香山　精神科は、他の科と違って患者さんから教わることがたくさんあるんです。色んな方が、悩んで病院に来られるわけです。その方たちと話をしているうちに、「いろいろ考えましたけど、こうですよね」とか、すごく深い話をされることがあります。すると逆にこっちが、「わぁ～、人間ってすごいんだな」と思う機会が多いんですね。

たつみ　香山さんは、講演活動をされていたり、大学で教えておられたり、いろんなところでスピーチされていますが。いつ診療をされているんですか。

香山　大学の授業がない時間帯は、診療にあてたいと思っています。こう言っちゃなんですけど、私、結構真面目に医者やっているほうだと思うんですよ。

「診察室から見える社会の矛盾」「生活相談で対峙してきた貧困の現実」

たつみ　精神科医として患者さんを診察するときに大事にされていることは。

香山　精神科の仕事って、診察室にいると世の中の様子が結構、分かるんですよね。例えば、介護の問題が大変だなあと思っていると、介護のことでウツになる方が診療室に来られます。長時間労働や会社の理不尽な要求でウツになる人が増えてきたなあと思っていると、社会でパワハラとか、ブラック企業が話題になります。精神科の患者さんって、一番先に時代の変化を受け止めている人と言われているんですけど、まさにそうだと思う。

たつみ　よくわかります。私は国会議員になるまでは、9年間「生活と健康を守る会」という団体で働いていましたので、暮らしや働き方についての相談を多くうけました。

香山　大阪ですか。

たつみ　大阪の此花区と言いまして、今はユニバーサル・スタジオ・ジャパンがあるところです。下町の貧困家庭が多いところで、生活保護の相談も多くありましたが、衝撃的なこともありました。子どもをつれたやせ細った女性が「夫がDVで、家にお金も入れない。家賃滞納で明日、家を追い出される。どうにかなりませんか」と相談に来られた。まず世帯分離し、生活保護の申請をして、転宅資金で引っ越しができた。

他にも、高齢のご夫婦からの子どものひきこもりの相談です。子どもは40代で稼働年齢ということで生活保護の対象にはならないと、だけど年金だけでは３人の生活は苦しいという相談でした。難しいケースでした。

香山　私が勤務している診療所にも貧困で苦しんでいる方が来られます。そうすると医療というより、ケースワーキングという感じになってきます。症状はウツだったり、不眠だったりするけど、その背景にそういう生活苦、暴力等があるから、いくら薬を出してもなんの解決にもならない。

忘れられないのは、ブラック企業に勤めてウツになった患者です。「しばらく休んだほうがいい」ということで無理やり休ませてウツがよくなってきた。「じゃあ、復職しましょうか」と言ったら、急に「また、あそこに戻るのなら、治りたくなかった」って言われて呆然としました。医者は治すというのが至上命題だと思っているわけです。しかし、その方を治すということは、地獄の状況に戻すということで、本人は治りたくないと言う。医者としてそれほど悲しいことはありません。療養しながら転職の相談をすることも必要だったと思いました。

たつみ　病気の背景に何があるのかもちゃんとみないといけないということですね。

香山　最近、独立する精神科医の中には、むしろ１人しか雇えないならナースじゃなくて、ケースワーカー、ＭＳＷ（医療ソーシャルワーカー）、ＰＳＷ（精神保健福祉士）を雇う。それでいろいろな制度や相談機関等につないでいくところが増えています。

私の勤めているところにはケースワーカーなどいないので、事務の人と協力しながら手さぐりでやっています。

たつみ　そうですね。本当は制度としてセーフティーネットがあるのですが、それを知らないし、知る機会もない。そうなると暮らしはすごく不安になると思います。

香山　生活保護を多くの方が知るようにはなってきたけど、他にも一時貸付金など制度はいろいろあるじゃないですか。でも、役所に行っても、「あなたの場合、これとこれ使えますね」と教えてくれるものでもない。そうすると本当にお手上げになってしまう。

たつみ　福祉事務所に相談に行っても、そこで「ダメだ」と言われて、帰される。そういう方がたくさん相談に来られました。やっとの思いで私のところに相談に来られて「大丈夫です。こういう制度が活用できますから」と言うと、ホッとされて、生活のメドがついていくと一気に表情が明るく変わっていきます。

また、福祉事務所の話でいうと、職員がほとんど非正規です。自治体の職員の非正規雇用の割合は、どの自治体でも半分以上ですからね。そういう意味では「三位一体改革」、構造改革が進められ、自治体が疲弊していますね。

香山　東京都のある役所の産業医をやっているんですが、そこの福祉課でもかなりの方が非正規雇用です。

経済をまわしていくことは大事なことで、生産性を追求し競争力を上げることも必要です。でも、いわゆる売上にはつながらない福祉職、介護、教育、その分野の人たちが競争に追いたてられ、不安定な非正規雇用や、正規であっても低賃金だと、人の心を不安にさせる。これでは、みんな安心して暮らせないと思うんです。

根本には政治の矛盾

たつみ　本当にそうですね。安心して暮らすこと、人間らしく働くことができる社会をつくるには、政治の責任は大きいと思っています。私たちは「８時間働けば普通に暮らせる社会をめざそう」と訴えていますが、それが全然できていない。

香山　私は30年前、先輩に、「今から精神科医になっても君たちは食いっぱぐれるよ。機械に難しい仕事をさせて、人間はもう週に３日か、４日働くだけでいいから人間のストレスが減る時代がくるよ」と言われました。確かにいろんな便利な道具が出てきて、そうなるのかなってそのときは思っていたんです。

それが、便利なインフラができているにもかかわらず、働き方は高度成長期の「24時間働けますか」と言ってたときとそれほど変わってない。

たつみ　変わってないどころか、去年は働き方改革の議論を国会でやりましたが、裁量労働制は削除されたものの、１カ月１００時間までの残業を認めるひどい法案が強行されました。

香山　本当にひどいですね。私は産業医として10年ぐらい働く人たちと関わってきましたが、そこで感じていることがあります。それは、長時間仕事に携わっている労働者は、世の中のことを知る機会がなかなかないということです。今、どういう法律が国会で話題になっているかも知らないし、ニュースはスマホで見出しを見るぐらいです。もちろん集会等に行く時間もないし、元気もない。

たつみ　そういうことも含めて長時間労働をさせて、政治から興味をそらさせるというのは、ある意味では計算なのかもしれませんね。

香山　本当にそうですね。

「手を差し伸べる社会へ」——自己責任論、分断を乗り越える

たつみ　香山さんはヘイトスピーチの問題でも発信されていますね。ヘイトスピーチは人種間の分断をつくっていきます。いま、労働者の間や住民の間などいろんな場面で分断がある。もっといろんなことで連帯できるはずなのに、分断がつくられています。どんな思いで発信をされているんですか。

香山　私は、分断をするといつかは自分にも戻ってくると思うんです。だから発信をする。

例えば、ヘイトスピーチで排外主義的なことをどんどんしていくと、追い出す人がいなくなって、最後は自分となるわけじゃないですか。生活保護バッシングなんかもそうです。私の診察室に来る人で生活保護を受給することになった人は「まさか私がこうなるとは…」と言われる。あるいは、突然ご主人が自殺され、大黒柱がいなくなった方も、「青天の霹靂です」「なぜ、私がこんな目に合うのでしょう」と言わ

れます。突然襲ってくる悲劇は、予想できない、誰にでも起こりうることです。それは病気もそうだし、災害もそうですよね。

そういう人に対しては、「大変でしたね」って言って、手を差し伸べるのは、当然なんじゃないかと思います。それを自己責任だというのはおかしいです。

たつみ　自己責任という言葉は、２００４年のイラクで起こった日本人人質事件のときに、当時の政権である小泉自民党政権から出された言葉です。それまでは、政治や経済の中でつかわれていた自己責任という言葉が、国民にむけて使われるようになった。これは本当に日本社会を変えてしまったと思いますね。

香山　そういう見方は、世界では異常です。ちょうどスウェーデンに学会で行っていたんです。スウェーデンでも報道されて、いろんな国の学者が、解放されて「よかったね」って言ってくれたのですが、日本のニュースで「自己責任」と非難されていることを知らせたんです。そしたら海外の人はみんな「信じられない!?」「私の国だったら英雄のように迎える」「国中で釈放を喜ぶよ、どうして!?」と言われました。

たつみ　私はちょうどイラク戦争のときに、アメリカ留学から帰ってきたばかりでした。9・11アメリカ同時多発テロがあって、アフガン、イラク戦争にひた走るアメリカをみて、アメリカはテロの被害者だけど、報復戦争はおかしいと思った。それを無批判に支援する日本には怒りを覚えました。自分も反戦の声を挙げないといけないと、命がけで戦争に反対してきた日本共産党に入党し活動をするようになりました。

維新政治が大阪で切りすてたもの

たつみ　自己責任の話では、大阪では維新の会が大きい勢力を持っていますが、彼らの考え方の一つの核は、自己責任論なんです。

香山　橋下さんが大阪府知事になり、その後大阪市長になって残した傷はすごく大きかったと思っています。

たつみ　そうですね。

香山　忘れもしない2008年、橋下さんが府知事になったときに、最初にいろんな改革をするということで、文楽や大阪フィルハーモニー交響楽団の助成金をばっさりと切った。私は国際児童文学館の存続を求める運動に関わったんです。そのときに橋下さんに電話をつないで質問をするというテレビ番組にたまたま出ていて、「貴重な資料がある児童文学館を残してほしい」と言ったら、「全然、儲かってないんですよ。そんなに残してほしいのならちゃんと経営が成り立つようにすればいいんだ」と強く言われ、ああ、この人は文化ということの価値を認めないんだと。稼げるところは残すけど、そうじゃないところは、自己責任で片付けるんだと思いました。

たつみ　本来、行政機関というのはコストパフォーマンスを考慮する部分とそうじゃない部分があります。橋下さんは、大阪市長になって以降に府市の二重行政の解消ということで、住吉市民病院廃止を打ち出しました。確かに市民病院は黒字じゃないんです。ただ民間の病院ではできないレスパイトの入院（小児在宅医療支援としての短期入所）などをやっている。そういう病院の機能があるにもかかわらずなくしてしまった。

香山　その後、どうなったんですか？

たつみ　二転、三転ありましたが、民間の病院を誘致して、周産期医療もやるとなったが、結局実現せず、今は病院ではなく市が診療所という形で一時的にやっています。まだ、大きな傷跡が残っています。

香山　橋下さんがテレビとかに出る前に『心理戦で絶対負けない交渉術』という本を出していたので買って読んだのです。そこには「まず敵を見つけて、徹底的にたたくんだ」「理屈はいいから、とにかくこう言え」ということを書いていました。しかし、そのあとに何が残るのでしょうか。

たつみ　維新の会は敵をつくり続ける政治です。確かにそれは一部の人の心をつかむかもしれませんが、実は政治の破綻ですよね。

安倍政権の補完勢力である維新の会
――維新政治の破綻

たつみ　維新の会は、去年あれだけ不祥事を起こした安倍政権に対して出された内閣不信任案に反対するわけです。あの不信任案に反対するというのは野党ではありえない。彼らは完全に権力に組み込まれているわけです。

香山　補完勢力ですね。

たつみ　維新政治で、本当に極まったなと思うのは、大阪府や大阪市が独自に行っている学力テストの点数と校長先生の評価を紐づけて、点数の悪いところには予算の配分を少なくする。要するに競争させるということなんです。テストの結果は、その学校の先生や校長先生だけに問題があるわけではなくて、背景には格差と貧困などいろんな要因があります。むしろ、学力が低いところに予算をつけないとダメですよね。本当に矛盾している。

香山　結局、文化、教育、介護にはお金がいかないという話だと思います。私は先生たちに講演するときに「中学校の先生の評価は生徒がどの高校に何人行ったかという短期的なものではない。一生、その子どもを支えるような自信、励ましを、いかに先生とのふれあいの中で得られるか。それこそが本当に教育の成果だと思う」と話します。

たつみ　維新の会は、給料や評価が高くなればがんばるだろうと思っている。しかし先生に聞くと、そんなことでモチベーションが上がるような仕事じゃないわけです。むしろ、もっと子どもと触れあいたいのに事務作業が多すぎてできない。そういうことで悩んでいる先生が多いと思います。

香山　これから大事なのは人間らしく考えられる能力なんだろうと思います。

たつみ　もう一つ感じているのが、維新の政治になってから職員室で自由にモノが言えなくなっていることです。

政治的な活動も制限されるし、政治的でもないことでも、教室で先生が何も言えなくなっている。

香山　本当ですね。公立高校の先生が言ってましたが、高校でも18歳になって選挙権があるのに何も教えられない。

たつみ　主権者教育とか言いますがね。

香山　少しでも選挙とか、政治と言うと「偏向している」「思想教育だ」などと言われるから、当たり障りのない話しかできない。それでは、充分な情報や考え方がもてないまま、選挙に行かなければいけない。

たつみ　先生自身が委縮している実態があるのではないかと思います。

ファシズム国家に向かう異常な安倍政権

香山　大学の中でも、例えば『慰安婦』の映像を見せたりしたら、「偏ってい る」と言われることがちょこちょこ出てきているんですよね。そうなると、自主的に委縮してしまうようになってしまう。

たつみ　先生も講演が…。

香山　京都の南丹市の講演が中止になりましたね。抗議の電話をする自由もあるけど、市が電話に対して「何かあったら」というふうに委縮してしまう。

たつみ　過剰に反応しているのですね。また過剰に反応させるような動きもある。去年、前川喜平さん（元文部科学省事務次官）が名古屋で講演したときに、すでに前川さんが文科省を辞めているのに「どういう講演だったのか」を文科省が詮索しました。そういうことを政権側がやってしまっている。

香山　すごくマメだなと思いますけどね。テレビとかラジオとかでも官邸サイドからいろいろ言われると聞きます。あれだけの強力な権力なのだから、ちょっとやそっと作家が言ったところで大した影響はないんだから、ほっておけばいいと思うんですけど、すごく神経質なんですよね。

たつみ　そういう政治の風潮が、どんどん生活を含めたところに浸透し、私たちが気づかないうちに、２０１３年の特定秘密保護法から共謀罪の強行など、ファシズム国家に向かっていると感じます。

香山　小泉元首相は、今、反原発運動をやっているじゃないですか。私は、反原発では小泉さんと一緒に行動しているんです。小泉さんも、反原発の一点において「みんな一緒にやろう」という感じでやっているんですよ。私は、小泉政権のときは自衛隊の派遣についてなど、本も書いて批判したんです。でもそれでなんか言ってきたとか、訴えられるとか、そういうことはなかった。今では「いろいろ批判もしたけど」「それはもちろんいろんな意見もあるから」みたいな感じです。批判がいろいろできてこそ健全だと思うのですけどね。

たつみ　安倍政権というのは、今までの自民党政治と比べても、異質ですね。

香山　ちっちゃな声もつぶそうというあの執念はなんだろうと思いますね。

たつみ　2年前に森友事件が勃発して、最終的には近畿財務局の職員1人が自殺された。どう考えても政権の責任なんです。改ざんを強要され、抵抗したが、改ざんせざるを得なくなって自ら命を絶たれた。そこまで追い詰められたにもかかわらず、誰も責任を取らない。政治家が官僚に責任を押しつけて幕引きをはかろうとしているのが森友問題です。

香山　よく寝起きが悪くならないなと思いますけどね。自分たちのせいで、誰かがもし命を絶ったら、表面的には「私のせいではない」と言っても、普通なら気持ちは病んでしまいますね。

たつみ　事は国家の私物化ですし、韓国ではパク・クネ大統領（当時）が国家の私物化で逮捕までされたわけです。自分の〝腹心の友〟の加計学園では52年ぶりに獣医学部の新設を認めておし通したわけですからね。これだけ好き放題私物化しているのは独裁国家です。今年の7月の選挙は日本の民主主義にとって大事な選挙になるのではないかと思います。

乗り越える市民の力
―いろんな種はまかれている

たつみ　2015年戦争法案の強行のと

き、ママの会やシールズ（SEALDs）など多くの方が、「これってどうなんや？」と立ち上がった。決して国民は黙ってないし、沖縄のことでタレントのローラさんが声をあげたり、いろんな面で変わってきましたね。

香山　ネット社会で拡散されて、「ちょっとおかしい？」と興味をもった人はどんどん知識が増えて、本当に安倍政権はひどいってことが芋づる式に次々に見えるわけです。

たつみ　最近勇気づけられているのは、国会パブリックビューイングの行動です。

香山　ええ、上西充子先生たちがやっていますね。

たつみ　国会のやりとりは普段みなさん見れないわけですし、われわれが発信しても、なかなか響かないということもあります。それを、街頭で国会の映像を使って裁量労働のデータのごまかしなどを見せていく。今まで知らなかった人が立ち止まって見ている、そういう新たな試みというのは非常に励まされています。

香山　いろんな種はまかれていて、どこかにひっかかれば、「あれっ」ていうふうに、今までまったく目に入ってこなかったものが見えてくると思います。

野党共闘の可能性―新しい政治へ

たつみ　野党共闘で言えば、参院選の一人区を統一候補でたたかうことが、党首間で合意されたのは一つのステップになります。参議院で言うと、前回、6年前の選挙は、沖縄以外はほとんど自民党ですから、これがオセロのようにひっくり返っていけば、ねじれ国会をつくれる。そこにすごく展望をもっていて、たたかい次第ではひっくり返せると思っています。

香山　投票率を上げて、みなさんに関心をもっていただかないといけないですね。

たつみ　安倍政権を終わらせるための本気の野党共闘です。もちろん、紆余曲折はあるんですけども、一人区で合意ができたというのは大きいです。

香山　党首の方たちが会談した結果を見ると、一緒にやっていくという気持ちもあるんだなと安心しました。

たつみ　よかったです。

香山　私もいろいろ講演に呼ばれて、先ほどおっしゃったように市民の方たちの意識というのは変わってきていて、市民連合が各地にできているでしょう。例えば、「うちもつくりたいんだ」という主婦の方などを含めて、さまざまな立場の市民の方たちに広がってきていると思います。

たつみ　日本共産党が野党共闘という方針転換をしたのも、市民のみなさんの声によるものです。それは衰えるどころか、野党共闘でないと安倍政権を倒せないという声がさらに大きくなっています。私たちはそこに依拠してたたかってきたので、まったくブレることなく、市民と野党共闘の道を進んでいます。

香山　そういう意味ではね、政治参加の敷居はだいぶ下がっていると思う。地方に行っても「なにかやりたい」という人はすごく多いですね。今までだったら選挙、政治というだけで、「私は関係ない」みたいな人が多かったんですけどね。

たつみ　野党共闘では、野党合同ヒアリングをもう200回近くやっている。これはものすごい共闘です。それぞれの独自の資料を分け合って政府を追及するわけです。今までだと他党の人たちと気軽にしゃべることすらあまりなかった。機会そのものがなかったんですね。委員会の中で隣に座って、委員会を過ごすぐらいだったのが、野党合同ヒアリングになると、森友問題では野党みんなで豊中にも行きましたし、相談しながらやっていくんですね。信頼関係も含めて議員個々人のつながりも醸成されていることを感じます。

香山　あとは自民党の中に良心がある人が出てきて…。

たつみ　本当の良心ね。

香山　「いくらなんでもひどいんじゃないの」とか、「これはとても党の考えに賛成できない」とかいう議員が出てくればいいんですけどね。

たつみ　自民党に期待する訳ではありませんが、選挙で野党が勝利することで、良心ある声をあげやすい状況をつくることも必要です。そういう意味でも、野党共闘を実らせて、自民党の中からも瓦解させていきたいですね。

ウソのない政治へ
―政治を国民の手に取り戻す

たつみ　今日、お話をさせていただいて、香山さんの優しさや思いにふれて、患者さんと同じ目線で診察する理由がよくわかりました。

香山　私も、こうやってね、政治的にどうこうではなく、同じことを考えている人と出会って話をするというのは、すごくホッとする時間ですし、よかったと思えます。こういう時代だと、もしかして私が間違っているのかなって思ってしまうときも、ないわけじゃない。だから、こうやって話をしていると安心できるんです。

たつみ　私は、香山さんが発信されている「黙っていたらダメ。排外主義に対してはあえて声を大にして言い続けなければいけない」という言葉は、すごく大事だと思います。

香山　「バカなことを言っている人はいるけど、無視してれば今に収まるだろう」と高をくくっているとそれはダメだと思う。「ここまでウソついたら辞めるでしょう」と思っても、そうじゃないですからね。発信し続けることが必要です。

たつみ　本当にそうですね。いま安倍政権はウソばかりです。そういう政治を見て国民は希望を失っていると思います。みなさんと力をあわせて、安倍政権とさよならして、ウソのない政治、暮らしに希望を取り戻す日本にするためにがんばりたい。今日は、本当にありがとうございました。

香山　ありがとうございました。

第3章

走れコータロー

大阪秘書ルポ

Run! Kotaro!

どんなところにも突っ走る。これがたつみコータローの印象だ。

私は6年前、たつみが参議院議員になる前から地元秘書として一緒に活動してきた。演説はどこでも全力。演説が終わればどんなに遠い場所でも、聞いてくれている人へ突っ走って握手する。階段を駆け上がり、声をかけて要望をきく。7年間の生健会での活動では生活相談7000件。まさに、走れコータロー。それは、参議院議員になってからも変わることはなかった。

たつみコータロー大阪秘書
伊木　知史

今すぐ大阪に帰りたい

２０１８年６月18日午前７時58分、私はちょうど大阪事務所に向かおうと家を出る直前だった。大阪をマグニチュード６・１の地震が襲った。地震直後、家族や親族などの安否確認をとるなか、たつみから連絡が入った。

「大阪はどうや？　今すぐ帰りたいが国会が止まらない。決算委員会で安倍首相への質問がある」と。この日は、震災にも触れながら、森友事件に関する「内部文書」を暴露し

大阪北部地震国会対策本部（2018年６月19日）で相談する（左から）たつみ参院議員、穀田衆院議員、宮本衆院議員、山下参院議員、田村衆院議員、武田参院議員

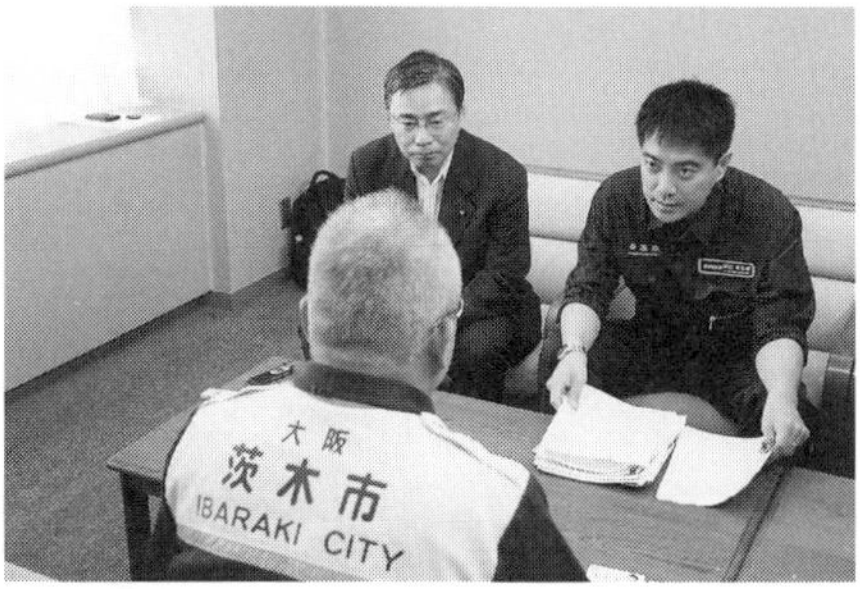

茨木市当局（2018年６月21日）から要望を聞く（左から）朝田茨木市会議員、たつみ参院議員

被災地・高槻市（2018年６月19日）を調査する（左から）山下参院議員、たつみ参院議員、宮原大阪府議会議員

た。

そして、「国会が終わればすぐに大阪に飛ぶ。絶対戻るから、被災地の状況をできるだけ見られるようにしてほしい」とつげて電話を切った。たつみは、最終の便で大阪に戻った。

翌日朝一番で、高槻市役所に向かい、宮原たけし府議会議員と日本共産党高槻市議団から状況を聞いた。その後、学校のブロック塀が倒れ小学生が亡くなった場所に赴いた。その足で国会に戻り対策を練る。

翌々日には再び帰阪し茨木市役所を訪れ、日本共産党茨木市議団より状況を聞き取る。茨木市からも要望を聞いた。ガスが復旧しないので風呂の確保ができないと聞き、内閣府にその場から連絡し自衛隊などの簡易風呂の確保ができないかを相談。茨木市内をあちこち歩いて回り、屋根瓦が落ち、雨漏りが心配だからブルーシートをかけたいが、業者の確保ができないと聞くと、大阪商工団体連合会に連絡し、大阪府下で連携して業者の確保ができないかと相談を進めた。昼からは枚方市に調査に入った。その日のうちに、国会へ戻りさらに対策を練る。大阪中を奔走した。

私のことよりも…

高槻市の住宅地へも被災地調査に入った。被災した女性は、気丈に被害の状況を報告した。一つひとつ丁寧に被害の状況を確認した。その女性は、被害状況を報告した後、「まとまった要望をしたいので、手紙を書きました」と言った。訴えの内容は、「子どもが3人いてまだ小さいしローンもある。一体どうしたらいいのか。そして、自宅の宅地が崩れると下の住戸にも被害が及ぶことが一番心配」と涙ながらに訴えた。同席したほとんどが涙をおさえられない状況だった。しかし、たつみだけは違った。鋭い目つきでじっと考えながら話を聞いていた。その3日後、たつみは、災害対策特別委員会の質問に立ち、この女性の言葉を紹介し取り上げた。そして、自治体が被害地周辺の道路を避難路に指定することで、国の補助金の対象にできることを明らかにした。調査に入ったときは、いつもこれだ。どうやって解決するか、どう自分の役割を発揮できるかを考えている。まさに、〝寄り添い、立ち向かう〟だ。

「台風被害の写真がほしい」――『とくダネ!』『日刊ゲンダイ』から連絡

2018年8月28日に大阪を襲った台風21号。この被害でもたつみは、大阪中を駆け巡った。翌日には、大阪万博やカジノの候補地となっている夢洲、咲洲など住之江区の湾岸地域、また西成区や住之江区の被害状況を調査した。

湾岸地域の状況は壮絶だった。コンテナはごろごろ転がり、クレーンやトラックも倒れていた。咲洲庁舎の駐車場で、車がひっくり返りガラスが割れ、数十メートルも移動していたテレビの映像は記憶に新しいのではないだろうか。

たつみは、この状況を一つ一つ確認しながら、写真を撮り続けた。そして、すぐに、S

NSで被害の状況をアップした。大阪で起こっている状況を全国に知らせたいからだ。

余談だが、後日こんな連絡があった。「たつみ議員のSNSの写真を使いたい」。大阪万博が決まった直後に、フジテレビ系「とくダネ！」編集室からだった。大阪万博が決まって、候補地について調べていたら、たつみのSNSにたどり着いたという。「情報が無くて困っているんです。明日の番組で写真を使わせてほしい」とのこと。たつみとすぐに相談し、たつみが持っているありったけの写真を提供し、翌日放送された。また、「日刊ゲンダイ」からも、同じ連絡がきて写真を提供した。大阪の台風被害の状況を一番つかんでいる国会議員、それがたつみコータローだ。

フジテレビ「とくダネ！」で紹介された、たつみ参院議員撮影の写真（左）

若い命を救った生活保護の問題――浮き彫りにした助言指導という闇

２０１３年。たつみが参議院議員に当選した年の11月。たつみ公式ホームページを通じてこんなメールが届いた。

（原文ママ）「無職で過呼吸などでており生活保護申請 をだし診断命令で内科と精神科に診察し後日役所に呼ばれ話しをした結果　仕事につけると判断　精神科の先生には精

神な病気と言われて薬で治療すれば治るとあわれました
役所人は診断結果内容までは教えてくれません　就職活動しろ言うだけで
もう就職活動電車だいもない言っもどうしよもないと言われ帰されました　むもう限界で
す　どうしたら良いですか」

すぐに連絡をとった。

メールの主のゆーさん（仮名）は、建設系の職場で働いていたが、体を壊し働けなくなり、なんとか貯金を取り崩しながら生活していたが、病状は回復せず家賃も払えなくなり、浪速区役所へ相談にいった。生活保護制度のことも知らない中での相談だった。

相談では一度目は「若いのだから仕事を探して」と追い返された。その後、やはりなんともならずに相談に行き生活保護申請を出したが、精神科と内科の診断をうけ「仕事につける」と判断され、1カ月近く待たされたうえ、生活保護の申請は却下された。この時所持金は1000円を切っていた。ここで浮き彫りになったのが、「助言指導書」だった。

大阪市では、若い世代の生活保護申請者に「助言指導書」というものを渡していた。これは、1週間に3回以上ハローワークで求人検索し、1社以上の会社の面談・面接を受けなければ保護要件を欠くとし、申請却下を検討するというもの。これにより、結果的に生活保護利用が水際で排除されるものになっていた。

実は、ゆーさんからのメールの2日前に、たつみは厚生労働委員会でこの問題を取り上げていた。この質問で厚労省は、たつみの追及に「保護の開始決定前に法第27条に基づく指導及び指示を行うことはできない」と明確に答弁し、「面接を受けるというのは27条の指導、指示と誤解される可能性があると思います」「大阪市の状況を詳細に確認して、対応を考えたいと思います」と答えていた。たつみは私に「ゆーさんの場合は、生活保護を受給し、まずは病状を回復させることが優先される。そして、回復を待って仕事を見つけること。今のままでは、病状が悪化し働けない状態が続く〝負のスパイラル〟に陥る」と語った。この中身を、ゆーさんと私、また弁護士と一緒に浪速区役所に伝える中で、ゆーさんは2回目の申請で生活保護を受給できるようになった。そして、ゆーさんはその後、生活保護を利用しながら体調を整え、以前の職場に復帰するところまで回復した。現在は生活保護を利用しなくても生活できるようになっている。まさに、国会の質疑が一人の青年を救った。

その後も「助言指導書」が使われているという報告もあり注視していきたい。

国会でただ一人取り上げた「住吉市民病院守れ」の声

2011年の大阪府知事・大阪市長ダブル選で当選した橋下徹大阪市長は、同年末に設置した「府市統合本部」を「大阪都」構想を先取りした「バーチャル（仮想）大阪都」と呼び、府立病院と大阪市立病院を「二重行政」と決めつけ統廃合を推進した。

まず〝標的〟となったのが住吉市民病院で、2012年5月、現地建て替えを行わずに廃止し、府立急性期・総合医療センターに統合する方針を決定。さらに同センターに新たに小児・周産期医療を担うとして「府市共同母子医療センター（仮称）」の設置を打ち出した。これに対し「住吉市民病院を充実させる市民の会」や地元町会・医師会などが取り組んだ現地存続を求める署名には7万筆を超える賛同署名が寄せられた。橋下市長は13年2月に「小児・周産期の空白に対する区民の不安が多数ある」と認める一方、民間病院の誘致を表明。大阪市会で廃止条例は日本共産党以外の賛成多数で可決された。

この住吉市民病院廃止には、地元住民・町会が反対。医師会も南部医療圏の協議会、大阪府医療審議会で反対多数。地元合意がとれないなか、２０１６年維新府政は無理矢理、住吉市民病院廃止・統合の申請を厚労省にだし、厚労省もこれに同意した。たつみは、２０１６年3月10日厚労委員会で「厚労省がかつてこれまで地元合意のない病院再編計画に同意した例はない」と質疑で認めさせ、「前代未聞であり許されない。同意の撤回を強く求める」と追及。大阪を地元とする元薬剤師の渡嘉敷奈緒美副大臣と、かつて「大阪の子どもは自分の子ども」と述べていた元大阪府知事の太田房江政務官に認識をただしたが、大阪の地域医療に寄り添う答弁はなかった。

たつみは語る。「市民病院の担ってきた医療は、儲けの出ない医療なんです。これを民間が担えないことがはっきりしました。まさに、維新の会が言っている、〝大阪市を無くして大阪都でいくんだ〟という二重行政の『弊害』が幻想だということが、住吉市民病院問題ではっきりした」「厚労省が再編計画を同意したのは『政治判断』が加わったからです。松井知事は、ダブル選の直前の２０１５年10月28日に菅官房長官のもとに直談判に訪れ、1月には厚労省へも。ここまでやるのは、再編計画が普通では『同意』されない代物であることの証明であり、知事は裏取引での同意を狙ったのです。同意の見返りに、憲法改悪でおおさか維新が安倍政権を応援するということでしょう」

その後、住吉市民病院は廃止されたが、維新市政は跡地に産科、小児科の病床を含む市大病院の新病院を誘致すると約束せざるを得なかった。現在は、新病院誘致までの間という暫定的な措置で市立診療所が開設されている。市民の声、運動と力合わせ大阪市会、大阪府議会、国会での追及が政治を動かしている。たつみはその一翼を担ってきた。

「保育園落ちた」――保育所を増やして誰もが安心して預けられる環境をつくりたい

2016年、「保育園落ちた」とSNSで発信されたママのつぶやきが多くの人の共感を呼び、待機児問題を一気に社会問題に押し上げた。大阪でも待機児童は、2015年10月時点で3349人を数え、認可保育所の大幅増と保育士の処遇改善が急務だ。

この時期、八尾市で公立幼稚園19施設と公立保育所7施設を全廃し、認定こども園5施設を整備する計画があり、公立施設の定員は、2016年度の在園児数1890人から約800人減るという。保護者らは計画の中止を求め、市長宛ての署名約4万4千人分、議会への請願署名1万人分以上を提出した。週末ごとに駅頭などに立ち、夕方以降は子守を妻に託した父親が、街へ署名集めに繰り出した。議会で関連予算が成立した後も、保護者たちは諦めず、署名活動を続けている。また、阪南市でも公立保育所3カ所と幼稚園4カ所を一つに統廃合し、630人を詰め込む計画が、反対運動で撤回に追い込まれるという問題も起きていた。たつみは、八尾市、阪南市に向かい、保護者の声をきいた。

そして、2017年1月、たつみは予算委員会で安倍首相に実態を突きつけた。「教育上適切で、通園の際安全な環境」を求める設置基準や、「1億総活躍」にも逆行するとただし、「子ども子育て支援法のいう『子どもの最善の利益』はどこにいったのか」と追及。公立保育所に対して廃止された、建設・運営費補助等の復活を求めた。安倍首相は、「施設の配置の在り方は地域の実情に応じて、子どもの利益に合うか各地方団体で検討される」と述べ、政府の責任を棚あげにした。安倍政権のひどさが浮き彫りになった。

八尾市で実態を聞いた保護者から、「国会中継を張り付いて観たり、録画したり。私たちの生活と政治って絶対切り離せない、とてもつながっているものなんだと実感しました」という声が届いた。たつみは、「働きたいのに働けないのは、権利を制限している。私の責任として保育所をずっとこれまで増やすことを放置してきた政治の責任は本当に大きい。保育所を増やして誰もが安心して預けられるそういう環境づくりを本当にやりたい」と語る。たつみは、現在3人の子の親であり、2016年は2人の子どもが保育園に落ちた時だった。

新しい出会いと連帯──民泊問題をとりあげて

「昨年6月8日の参議院国会において法案反対側参考人として賛成側参考人（2人）と共に法案審議に10時から12時まで参加し、反対意見を述べてきました。特に参議院の前に行われた衆議院国会審議では日本共産党の穀田恵二国対委員長、立憲民主党の辻元清美国

民泊反対デモの先頭を歩くたつみ参院議員（左から２人目）

対委員長（当時民進党）、また参議院においては日本共産党の辰巳孝太郎代議士が民泊反対に対する厳しい質問と要求をされました。ホテル旅館業界の代表としてだけでなく、一市民として深く感謝申し上げます」

これは、全日本中小ホテル旅館協同組合新聞の２０１８年1月号の1面に掲載された、同組合理事長の金沢孝晃氏の新年の挨拶の一部分だ。

金沢氏は、２０１７年6月8日に参議院国土交通委員会で行われた「民泊問題」で参考人として意見陳述し、違法民泊を放置する政府や行政、報道しないマスコミに対し「驚きを隠せない」と発言した。そして「ホテル旅館を40年経営してきたが、今の旅館業法の規制が厳しいと思ったことは全くない」と話し、安心安全に深く関わる「当たり前の規制だ」と、民泊新法によって旅館業法を規制緩和する政府の姿勢を痛烈に批判した。

たつみも質疑にたち、金沢氏に「ホテル不足」の実態について問うと、金沢氏は「国内のビジネス客が利用するホテルの予約が大阪や東京で取れないだけで、少し中心部から離れれば、ホテルはいくらでもある」と述べた。たつみは、「違法物件と知りながら、対策を取らずに仲介を続け、収益を得ることは不法収益だ」と海外大手仲介業者を断罪し、「違法行為を防ぐ一番有効な手段は、仲介業者に違法物件を掲載させないことだ」と指摘。一部大手仲介業者が違法物件を掲載し続けていることを政府も追認し、違法民泊を野放しにしてきたと政府を批判した。

全日本中小ホテル旅館協同組合は、日本全国の中小ホテル旅館１１３３店舗（２０１８年12月現在）が加盟する協同組合。ホームページの活動履歴には、菅官房長官との写真。同組合新聞の新年号の２面からは松井大阪府知事、吉村大阪市長、谷畑孝衆議院議員・維新の会副代表、中山泰秀衆議院議員・自民党大阪府連代表の挨拶が並ぶなか、冒頭の挨拶のように、１面で、自民や維新ではなく、日本共産党たつみへの感謝ではじまったのは違例なことだ。それだけではない、２０１８年に日本共産党としてはじめて参加した、同組合の新年互礼会でもありえないことが起こった。互礼会の理事長の冒頭あいさつが、日本共産党の穀田、たつみへの感謝からスタートしたのだ。

民泊新法は、自民、公明、維新、民進（当時）の各党などの賛成で可決、成立した（日本共産党と、社民党、参院会派「沖縄の風」は反対）。しかし、成立後の２０１８年５月には、全国民泊反対協議会が参加人数２０００人で「民泊反対デモ」御堂筋行進を行い、たつみもデモに加わった。

新しい出会い、そして連帯、たたかいはまだまだ続く。

すぐ動く――大阪入管視察

２０１８年11月15日夜、私の携帯が鳴った。市民運動などに関わるＡさんからだった。

「明日、大阪入国管理局へたつみ議員が行くとTwitterでみた。私は行けないけど、仲間に管理局前での抗議行動に行けるように声をかける。本当にありがとう」

国会では、外国人労働者の受け入れを拡大する出入国管理法改正案の審議を政府・与党が強行しようとする最中だった。大阪入国管理局では、6月17日から、大阪北部地震が起こった18日まで、6人部屋に収容者17人が入ったまま24時間以上施錠される事件が起こるなど、長期収容や人権無視、劣悪な医療環境などの問題点が指摘されていた。

たつみは、この問題を報道でも知っていたが、11月10日に行った、たつみコータロー応援チームの発足ミーティングの参加者から、大阪入国管理局の前で収容者への対応や長期拘束に対しての抗議行動について聞いた。

その翌日たつみは動いた。法務省に連絡し、大阪入国管理局へ調査に入ることをきめた。そして6日後の11月16日、大阪入国管理局（大阪市住之江区・咲洲）を視察した。

大阪入国管理局を視察する（右から）清水前衆院議員、たつみ参院議員

視察では国外退去を命じられた収容者と面会も行った。様々な実態を聞いた。同室の男性が病気を訴えていたのに治療が認められず、1年後に癌が見つかった例など、不当な処遇に対する不満の声が出された。

祖父が日本人で日系3世のペルー国籍の男性は20年前に来日。自動車工場などで働き、子ども2人に恵まれたが長男（18）に障害があり、「早くここを出て子どもを支えたい。

ペルーに帰るわけにいかない」と訴えた。パキスタン国籍の男性は同国内の組織の暴力に反対して対立し、30年前に18歳で日本へ逃れてきたと話した。建設現場などで働いたが、入管には1年4カ月ほど収容されている。難民申請を二度却下され、自身の将来が見えず、「オーバーステイ（不法滞在）以外、何も悪いことはしていない。人間らしく生きたい」と話した。外国人労働者をめぐり、技能実習生への最賃違反やパワハラなど労働関係法違反や人権侵害の横行、それによる実習生の失踪などが問題になっている一端が垣間見えた。たつみは、「法律扶助が事実上使えないなど、人権保護の観点からも問題が多い」と話す。とにかく、まずは自分の目でみて聞いて、実態をつかむ。フットワークが軽い。

「もっと強く大きくしたい」野党共闘への思い

２０１５年の「戦争法（安保関連法）」強行以降、市民による「野党は共闘」という声から「野党共闘」は大きく発展した。

国会では、野国連（野党国会対策委員長連絡会）、野党合同ヒアリングや野党合同院内集会などを開催し力を合わせて安倍政権を追及、原発ゼロ基本法など20本以上の法案を野党合同で提出している。大阪でも、市民の呼び掛けを通じて街頭宣伝や集会などで、野党が集まって行動することが大きく増えた。

昨年２０１８年の大規模な集会だけでも3月31日「森友問題から見えてきたもの　ゆがめられた政治と教育」森友学園問題を考える会の集会に１５００人、5月3日「安倍９条改憲は許さない」憲法記念日総がかり集会に2万人、11月3日おおさか総がかり集会扇町公園に1万2千人、ここで立憲民主党、社民党、自由党、日本共産党など野党が揃ってスピーチを行った。この全ての集会にたつみは参加した。集会以外にも、総がかり行動やミナセン大阪、安倍政権の退陣を求める市民有志などの街頭宣伝も少なくない頻度で開催された。たつみは、市民が呼び掛ける街頭宣伝や集会にできるかぎり参加しスピーチに立っている。どんなに時間がなくてもたとえ数分であっても参加したいという強い思いがある。

11・3おおさか総がかり集会に参加し野党各党と登壇するたつみ参議院議員（右から6人目）

昨年の12月8日もそうだった。臨時国会で出入国管理法改正案が参院で強行採決された翌日だ。徹夜国会で、一睡もしていないたつみは、朝一番の飛行機で帰阪し、豊中、八尾で4カ所の街頭演説にたった。そして、夕方はミナセン大阪の街宣だ。一睡もしていない、疲れているはずのたつみの演説はいつものごとく全力だ。そして、ミナセン大阪の街頭宣伝にも「必ず行く。国会の状況を伝えられるのは自分しかいない」と話した。

こんなこともあった。昨年9月に行われた『原発ゼロの会』の学習会で、たつみは野党共同で提出した「原発ゼロ基本法」についての報告を行った。その時の質疑応答のときだった。参加者の一人から、「立憲民主党が19年参院選に候補者擁立をするという報道をみた。たつみ議員は現職なのだから大阪で野党統一候補はできないのか？」という質問がでた。たつみは答えた。「8つの大阪参院選挙区の議席に野党議員は私しかいません。『原発ゼロ基本法』を実現するためにも、野党議員をもっと増やすことが必要です。野党も競い合いながらですが、野党議員をもっと増やし、安倍政権と維新に勝つために頑張るだけです」

たつみはいつも「市民の街宣には出られる時は全部でる。野党共闘がもっと大きく、もっと強くなれば、安倍政権を、維新を倒せることができることを知らせたい」と語る。

参議院大阪選挙区の8つの議席のうち、立憲主義を守る議席はたつみの1議席だけだ。暮らし、人間らしい働き方、平和を守るこの議席を必ず守り抜き、さらに大きくしなくてはいけない。

第4章

コンビニの闇に斬り込む

Convenience store

なぜコンビニなのか

「コンビニ問題」を取り上げたきっかけ

「最近はコンビニとゴミのことばっかり考えてます！」。とある演説会で私は冗談めかして言ったことがある。ゴミとはもちろん森友学園問題のことである。それに並ぶくらい、コンビニ問題にも取り組んできた。私自身、コンビニのヘビーユーザーである。

みなさんはコンビニにどのようなイメージを持っているだろうか。365日24時間営業していて、品揃えも豊富、ちょっとしたコピーや様々な料金の支払いもできる、身近で便利な存在と感じているのではないだろうか。しかしその裏には、深い闇がある。そのことを私は何度も国会で明らかにしてきた。

身近な存在であるはずのコンビニの問題に光が当たることはあまりなかった。コンビニは週刊誌や新聞にとっては主な販路であるし、TV番組にとってはCMを流すスポンサーであるため、メディアがコンビニの問題を取り上げることはほとんどなく、なおかつ当事者たちも声を上げられない状況にある。このギャップが、私がコンビニ問題に関心を持ったスタートである。苦しんでいる人たちに寄り添い、その声を政治に届けることが、私の仕事だ。

コンビニは、全国に約5万7000店舗ある。そこで働く人々は数十万人ともいわれ、留学生など外国人も多く働いている。政府もコンビニを「物販だけでなく、防犯、防災、金融、物流、行政などの国民生活に欠かせない社会インフラのひとつとして発展・定着（経産省HPより）」と位置づけており、日本にとって経済的にも社会的にも大きなウェイトを占めるものとなってきた。行政のサービスを一部代行し、高齢者見守りなど地方自治体と様々な協定を結んでいる。また、災害時に重要な役割を果たすものとして、政府はコンビニを指定公共機関としていることなどもその一例である。

民間からだけではなく行政からも社会インフラとして大きな期待を受けているコンビニであるが、そこに横たわる問題とはなにか、私がなぜコンビニの闇に切り込むことになったのか、論戦を紹介しつつ、その背景にある様々な動きに光を当てていく。

はじめは労働問題だった

私が初めて国会でコンビニについて取り上げたのは２０１６年3月28日の予算委員会であり、取り上げた内容は「賃金切り捨て問題」である。コンビニのアルバイトが、本来１分単位で賃金を支払われなければならないところを15分単位で計算され、14分までは切り捨てられていることを取り上げた。

しかし、ことはそれだけに留まらなかった。この問題について現場から聞き取りをする中で、コンビニオーナーが本部から不利益な扱いを受けている実態が浮き彫りになってきたのだ。つまり、コンビニ本部という力の強い企業が、コンビニオーナーという立場の弱い個人事業主に不利益を与えていることが引き金となり、労働者にしわよせがいく事態を引き起こしていたのだ。その現状を目の当たりにし、私はコンビニの闇に切り込む決心をした。

フランチャイズ契約とは

規制の行き届いていない「契約」

まず最初に、コンビニオーナーとコンビニ本部との関係について述べたい。身近にあるコンビニのほとんどは「コンビニ本部」とフランチャイズ（ＦＣ）契約を結んでいる「フランチャイズ加盟店」であり、それぞれの店にオーナーが存在する。ＦＣ契約は一定のロイヤリティを対価に本部が加盟店に対し経営の指導を行なったり、商標等の使用を許可するなどといった事業者同士の契約である（図１）。

では、ＦＣ契約にはどのような規制がかけられているのだろうか。雇用関係ではなく事業者同士の契約であるため労働法は適用されない。あくまで「対等な事業者同士の契約」であることから下請法も適用されない。しかし個人事業主である加盟店のオーナーと大企業であるコンビニ本部のあいだには明確な力の差があり、オーナーは本部から様々な圧力を受けている実態がある。個別の案件では本部が独占禁止法における「優越的地位の濫用」に当たるとして公正取引委員会より排除措置命令を下されたケースも存在するが、同法はＦＣ契約そのものを規制しているわけではない。一応は経産省や中小企業庁、公正取引委員会などが所管省庁に当たるが、あくまで事業者同士の契約を一般的に所管しているもので、行政も司法もＦＣの特殊な在り方に対応しきれていないのが現状である。

コンビニのＦＣ契約は一般的に10～15年のスパンで更新の時期が来るが、契約の更新は双方の合意の下でのみ行われ、オーナーが契約更新を求めても本部側が了承しなければそこで契約は打ち切りになる。当然、店を続けることはできなくなり、オーナーは生活の糧を失ってしまう。しかも契約更新における本部の判断はこれといった基準が示されていない。「本部にものを言えば店は続けられなくなるのではないか」と、オーナーは萎縮し、声を上げることができなくなってしまうのだ。コンビニの問題が表面化しにくい原因の一つでもある。

図1　FC契約とロイヤリティ

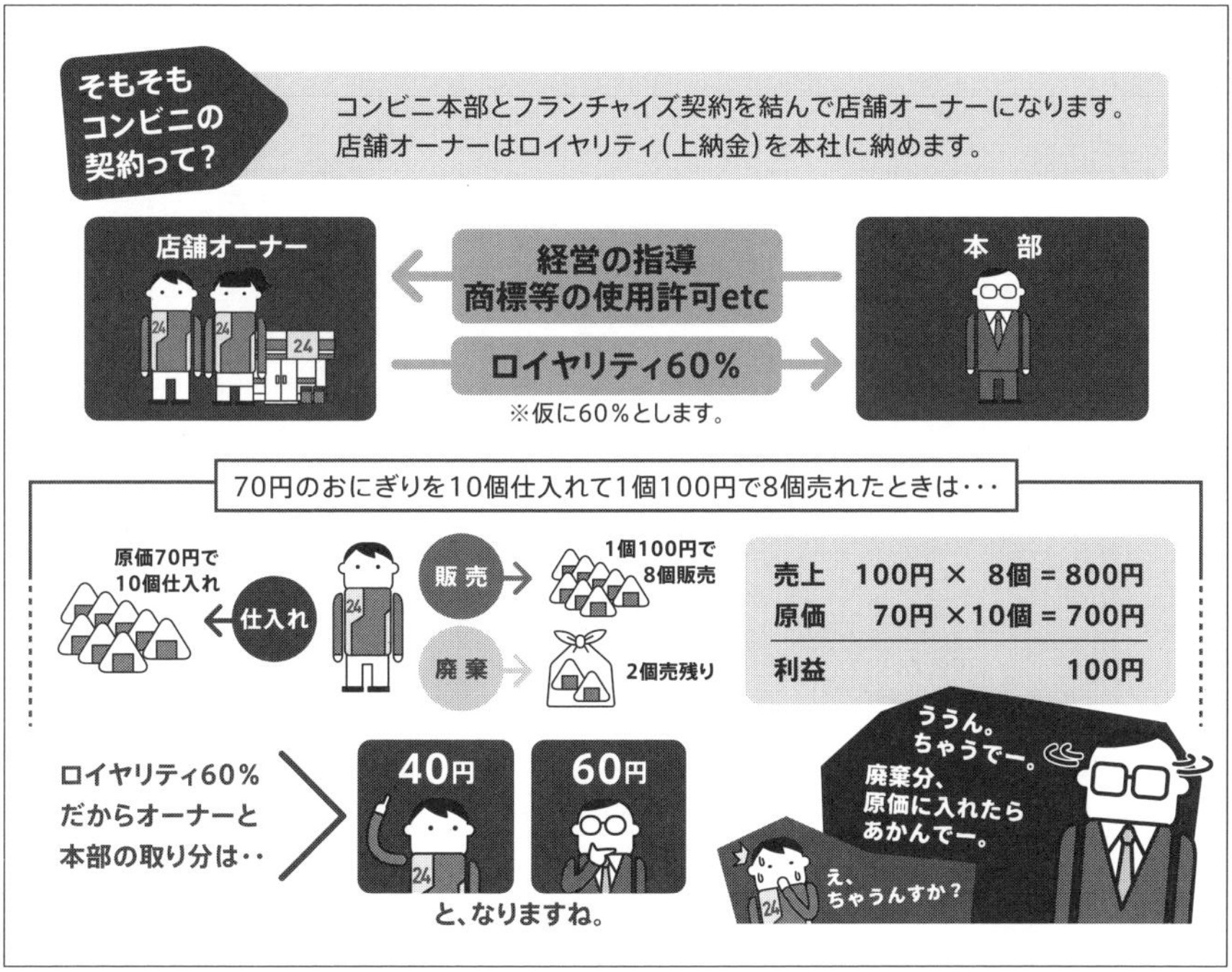

コンビニ独特の会計システムの実態

コンビニの場合、弁当の廃棄分や万引き分を原価に含ませないことになっているのです。

廃棄した2個を原価に含まず計算すると・・・

売上	100円 × 8個 = 800円
原価	70円 ×10個 − 70円×2個 = 560円
利益	240円

ロイヤリティ60%だからオーナーと本部の取り分は・・

一般的な会計方法だと取り分40円だったのに
96円
あれ?

一般的な会計方法だと取り分60円だったのに
144円
よし

オーナーは2個廃棄しているから
70円×2個＝140円分の原価を負担

96円 −140円 = ▲44円

そう。店舗オーナーは
不公平な会計のもとで搾取されてます。

図2　コンビニ会計

あ、だったら
廃棄せずに値下げして
売り切ればええんや
廃棄するはずだった2個を50％値下げして売り切ると・・・
売上　100円 × 8個 + 50円×2個 = 900円
原価　70円 ×10個 − 70円×0個 = 700円
利益　200円
ロイヤリティ60％
だからオーナーと
本部の取り分は・・
コンビニ会計方式だと
取り分▲44円だったのに
80円
よし
コンビニ会計方式だと
取り分144円だったのに
120円
あっ！
ちょ・・・きみ、
値下げしてええと
思ってんの？
公正取引委員会が排除措置命令を下すほど、
本部は加盟店の値引き販売を妨害し、
現在でも様々な方法で妨害は続いています。
コンビニ本部は値引き販売よりも
廃棄されたほうが儲かるのです。

コンビニ会計

オーナーを苦しめる特異な会計方式

そうした中でまず私は最も大きな問題として「コンビニ会計」に着目した。その概要を図2にしている。図2では60％のロイヤリティのもとで、仕入れ単価70円のおにぎりを10個仕入れ一つ100円で販売するという条件設定をしている。

オーナーはいわゆる「粗利分配方式」で本部にロイヤリティを納めるが、この粗利の定義がコンビニ会計と一般では違う。一般的には「売上」から「原価」を引いたものが粗利であるが、コンビニの場合は弁当の廃棄分や万引き分を原価に含ませない。そうなるとロイヤリティの算定基礎となる「粗利」が水増しされ、本部への支払いも膨れあがる結果となる。つまり、廃棄や万引きで出た損を本部は「なかったこと」にして満額のロイヤリティをとる。これがコンビニ会計である。

負担を少しでも軽くしようとオーナーは弁当等の廃棄はせずに見切り（値下げ）販売をするが、これを妨害したとして、本部は公正取引委員会、高裁（確定）に断罪されブラック企業大賞にも選出された。ではなぜ本部は見切り販売を妨害するのか。見切り販売をしない場合、本部のロイヤリティ収入は144円となるが、見切り販売時には120円となる。つまり、本部は見切り販売よりも廃棄された方が儲かるのだ。

「搾取」の暴露

図３は私が２０１６年5月2日の決算委員会で使用した資料からの抜粋で、コンビニ各社を含めた主要小売業者について、売上高に対する経常利益、純利益の割合を示したものである。コンビニ業界、特にセブン-イレブンは他の小売業者に比べはるかに高い利益率であることがわかる。このコンビニ本部の儲けの源泉に、コンビニ独特の会計が存在していることを、各社の決算報告書からはじき出したデータで暴露した。

辰巳「コンビニというのは小売なんですね。製造業であれば仕入れた材料に付加価値を上乗せして売るわけですよ。しかし、小売というのは基本的に仕入れたものをそのまま売るわけですから、なぜここまでの収益が上がるのかと。やはりここには店舗のオーナーや働く労働者の犠牲があるんじゃないか、彼らが置かれている労働環境が極めて深刻になっている、この認識が私は今とても重要だと思っているんですね。

そんな中、経産省はコンビニの経済・社会的役割についての調査を行っております（中略）経産省の検討会の報告書では、本部が廃棄ロス分の原価相当額を一部負担するという動きがあり、こうした取組が更に進むことが望ましいと結論付けているわけでありますが、これは、本部自身がやはりコンビニ会計に問題があるんだということを経産省も含めて認めたということではないですか。これは、オーナーに負担を強いる不公正な会計、これが本部に莫大な利益をもたらしているという認識は経産省、ありますか」

鈴木淳司経産副大臣「フランチャイズの契約は本部と加盟店で締結される民間事業者間の契約でありまして、廃棄ロスの負担の在り方も含めて、その内容につきましては当事者同士で決定されるべきものと考えております。

一方、本部と加盟店が共存共栄を目指していく過程におきましては、コンビニを取り巻く環境変化に合わせて適時適切に契約の内容

図３　コンビニ大手各社と主な大手小売利益率比較

単位：円

	売上高	経常利益	対売上高	当期純利益	対売上高
セブン-イレブン（2015年度）	7363億4300万	2325億9300万	31.6%	1369億2400万	18.6%
ファミリーマート（2015年度）	3019億1700万	371億6000万	12.3%	286億9700万	9.5%
ローソン（2015年度）	3163億4000万	616億4900万	19.5%	262億	8.3%
イオンモール株式会社（2015年2月）	2039億200万	411億6000万	20.2%	245億1300万	12.0%
ファーストリテイリング（2014年8月）	1兆3829億700万	1568億2800万	11.3%	781億1800万	5.6%
ドンキホーテ（2015年6月）	6839億8100万	401億6000万	5.9%	231億4800万	3.4%
マツモトキヨシHD（2015年3月）	4855億1200万	200億3100万	4.1%	116億1900万	2.4%

各社「有価証券報告書」より

を見直していくことも重要でありましょう。本部による廃棄ロスの一部負担につきましても、加盟店からの要望を踏まえつつ、食品廃棄物に対する社会的な問題意識の高まり等を受けながら、各社が独自に判断された結果だろうと考えております。
本部と加盟店の率直な意見交換を通じてこうした契約内容の見直しが行われることは、業界の持続的な発展のために重要な取組であると考えております」

辰巳「率直な意見交換といいましても、契約更新のことがありますから、実質オーナーさんは本部に物が言えない状況になっているんですね。
廃棄ロスというのは年間で５００万円（１店舗あたり）とも言われております。これ全てオーナーさんの負担になっているわけであります。その分余計なロイヤリティを払わされているということになっているわけです」

（２０１６年５月２日　参議院決算委員会より）

コンビニ独特のこの会計方式を国会で暴露した反響はとても大きく、全国のコンビニオーナーから電話や手紙、メールなどで激励や窮状を訴える声が多く寄せられた。また、複数の自民党議員からもコンビニ会計について尋ねられ、「もっと暴露してくれ」との激励を受けるほどであった。

恵方巻ノルマ押し付け

「買わないと店を続けられなくなるかも」という恐怖

節分の時期が近づくと、恵方巻の予約を開始したことを知らせるポスターやPOP、のぼりが貼られていたり立てられていたりする光景が全国のコンビニで見られ、大手チェーンはこの時期700万本近くを売るという。しかし、その背後で店員へのノルマや売れ残りの大量廃棄といった問題が起きている。特に大量廃棄については大きな社会問題となり、2018年1月11日に農水省が恵方巻の廃棄ロス削減を小売業団体に呼びかけたほどである。

加盟店において恵方巻の発注数を決めるのはオーナーであり、コンビニ本部もこの問題について、「FC契約を結んだ店が自ら判断してやっている」と主張してきた。「アルバイトに買わせたり大量に廃棄するほど余らせるなら発注を少なくすればいいじゃないか」と思われるかもしれないが、実際はそうではない。前述した廃棄を増やすほど本部が儲かる特異な会計方式など、業界の構造問題が根底にあるのだ。

私はこの問題について2017年3月22日の経済産業委員会で取り上げ、オーナーの方から聞き取った実態を示しながら、彼らが必要以上に恵方巻の発注をせざるを得ないことに切り込んだ。

まず、図4と図5は私があるFC加盟店オーナーから託されたコンビニの内部資料であ

図４

17年度 恵方巻きランキング 最終結果

恵方巻き(レジ予約＋特発)

順位	店名	獲得金額	獲得件数
		429.1	1150
		368.5	977
		233.3	671
		225.3	554
		197.0	572
		182.7	484
		176.5	496
		167.3	451
		166.4	440
		161.8	441
		150.6	422
		136.2	376
		131.6	327
		127.5	351
		122.0	349
		121.3	324
		117.2	315
		116.9	329
		115.5	318
		110.9	299
		108.7	295
		106.5	289
		102.9	260
		101.1	282
		98.8	267
		93.2	241
		93.1	254
		89.9	243
		85.9	228
		85.4	231

関連商品(レジ予約＋特発)

順位	店名	獲得金額	獲得件数
		75.5	354
		71.0	329
		54.7	276
		50.4	231
		39.4	186
		38.7	186
		37.6	182
		36.7	178
		33.5	175
		32.9	171
		31.9	150
		30.8	167
		29.9	139
		28.2	140
		27.8	136
		25.4	122
		24.8	129
		23.9	115
		23.4	99

合計(恵方巻き＋関連商品)

順位	店名	獲得金額	獲得件数
		483.8	1426.0
		439.5	1305.0
		252.4	771.0
		252.0	850.0
		240.6	638.0
		211.1	647.0
		206.1	583.0
		199.3	611.0
		192.6	608.0
		184.9	542.0
		173.3	630.0
		172.9	554.0
		171.0	513.0
		152.9	473.0
		147.4	468.0
		147.1	454.0
		141.6	446.0
		141.2	431.0
		136.7	391.0
		134.8	414.0

いろいろとご迷惑おかけしました。
大変お疲れ様でした！
1位の　　　　　店は
唯一の1,000本超えとなりました

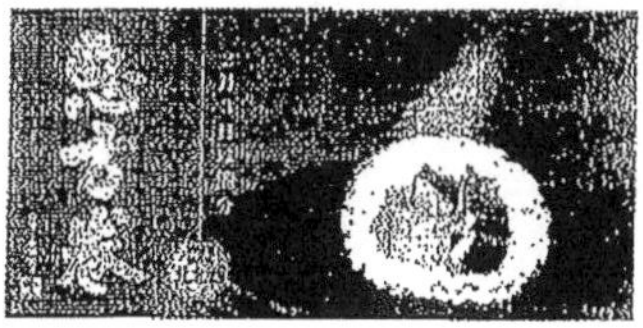

2017年3月22日 参議院経済産業委員会提出資料③ 出典：大手コンビニチェーン店オーナー提供資料より辰巳事務所作成 日本共産党 辰巳孝太郎

る。

図4は、ある地区でコンビニ本部の人間からオーナーに対し配布された資料で、各店舗がどの程度本部に対し恵方巻きの予約注文をしたのかということのリストである。この図では店の名前は隠している。見てわかるように、ランキング化されており他店との競争をあおるものとなっている。

また、図5も同様に、ある地区で本部の人間がオーナー向けに配っている資料である。「やるか。やらないか。」と題されたもので、恵方巻きの入荷が少ない店舗を「やる気がない」とでも糾弾するかのような内容となっている。これらの資料を示しながら私は以下のように訴えた。

図5

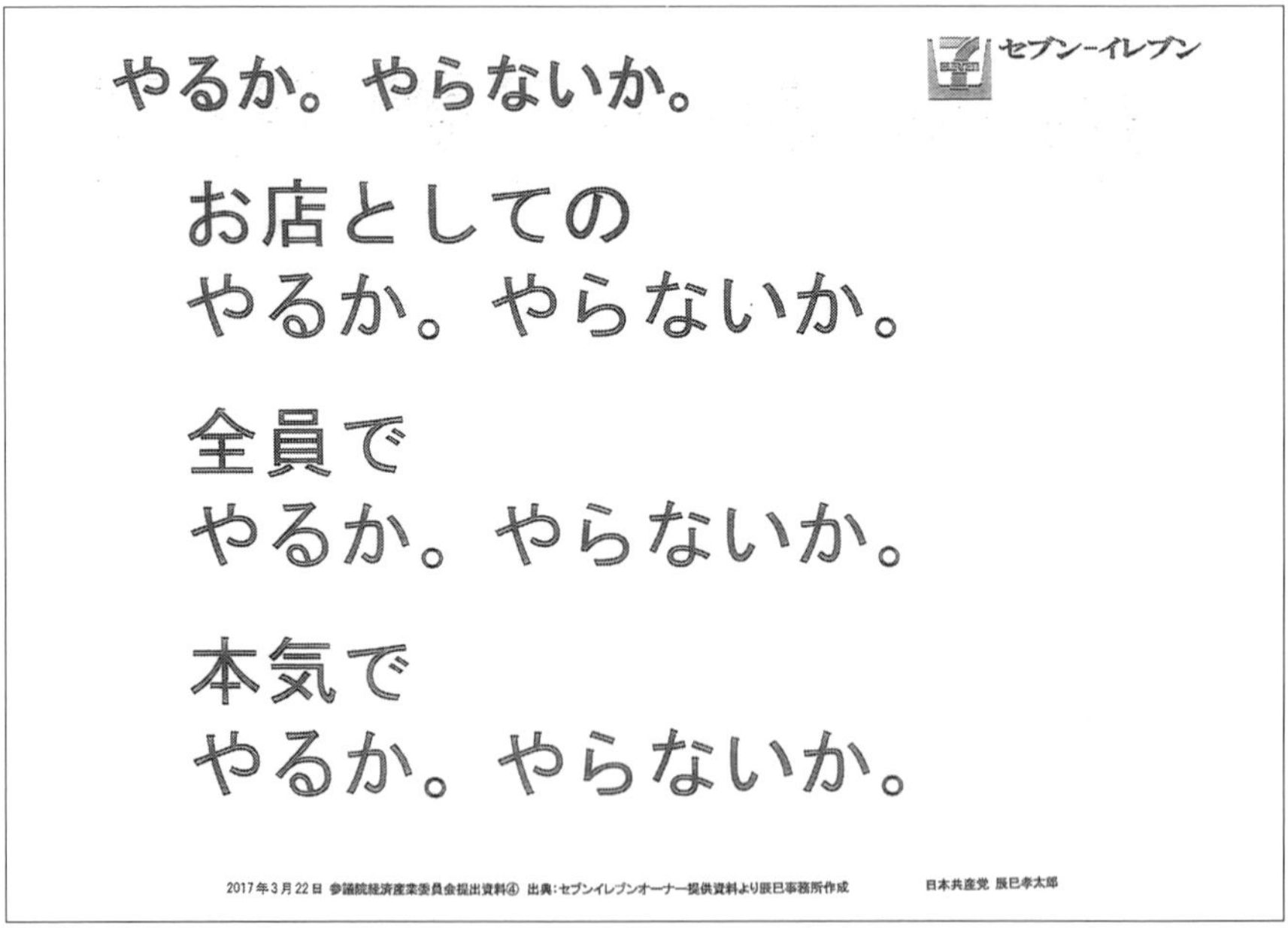
セブン-イレブン
やるか。やらないか。
お店としての
やるか。やらないか。
全員で
やるか。やらないか。
本気で
やるか。やらないか。
2017年3月22日 参議院経済産業委員会提出資料④ 出典：セブンイレブンオーナー提供資料より辰巳事務所作成
日本共産党 辰巳孝太郎

辰巳「それぞれが独立したオーナーなんですけれども、これを見ていただいたら分かるとおり、従業員のように、支店、直営店のように扱われているというのが私は現状ではないかと。つまり、オーナー自身も、恵方巻きなどの事実上のノルマを本部から課せられていると。だから、ああいう問題というのが起こってくるんじゃないかと私は思わざるを得ないんですね。

ちょっと公取に確認しますけれども、これら恵方巻きなどの仕入れの強要ですね、本部からの、これは許されないと思いますけど、どうですか」

杉本和行公正取引委員会委員長「取引上優越した地位にある本部が加盟店に対して、フランチャイズシステムによる営業を的確に実施するために必要な限度を超えまして、加盟店の販売する商品について返品が認められないにもかかわらず、実際の販売に必要な数量を超えて仕入れ数量を指示し、当該数量を仕入れることを余儀なくさせることにより正常な商慣習に照らして不当に不利益を与える場合には、優越的地位の濫用に該当するものと考えております」

辰巳「こういった恵方巻きなどで何ぼ売るのかと、やるか、やらないのかと。こういう目的がなかなか達成できなければ、フランチャイズの契約ですから、やはり一番怖いのは再契約できないということ、契約が更新できないということなんですね。幾らオーナーさんが再契約したいと思っても、本部が、あんたのところは目標も全然やらないんだからやらないよ、再契約しないよと言われれば、これもうできないわけでありまして、やはりこういった強要まがいのことが現場では行われていると、これが実態だということを我々しっかり認識しておく必要があると思うんですね」

（2017年3月22日　参議院経済産業委員会より）

コンビニオーナーはそれぞれが独立した事業者である。一方で本部はオーナーに対しまるで競わせるかのように、各店舗をランキング付けし、「やるか、やらないのか」と仕入れを迫る。中には、オーナーたちを集め一人ひとり目標発注数を発表させるなどの事例もある。まるで支店であるかのごとき扱いをしているのだ。オーナーは店を続けるためにも本部の意向を汲まざるを得ず、結果として過剰な在庫を抱えることとなる。しかし、ひとたび問題になると本部は加盟店を「独立した事業者だから」と責任を回避しようとする。

こういった実情を私は内部資料を基に暴露した結果、公正取引委員会も優越的地位の濫用の可能性を示唆するに至った。この問題は、恵方巻にとどまらない。クリスマスケーキやおせちなど、季節・行事ものの商品にはいつも付きまとう問題である。

24時間営業の便利さの裏に
「豪雪でも閉められない」

コンビニと言えば３６５日24時間開いているものというイメージだ。実際、８割を超える店舗が24時間営業である（２０１４年の商業動態統計）。

では、オーナーの立場から24時間営業を見るとどうか。深夜は客が少なく、売り上げも高くない。一方で、防犯上の問題からワンオペではなく２人以上の配置が望ましいとされている。しかし、人手不足や人件費削減のため結果としてオーナー自身が店に立つことになり、深夜まで続く長時間労働につながるのだ。深夜営業は多くのオーナーにとって経営面でも心身面でも大きな負担となっている（後述の大阪全域で行ったアンケートからもその過酷な実態が見えてくる）。

辰巳「やっぱり時代は流れていると思います。今、24時間が当たり前だと思われていた業種でも見直してもいいんじゃないかと、こういう一般的な声も私はあると思うんですね。この24時間営業、せめて選択制にしてほしいというこのオーナーの声を、大臣、どのように受け止められますか」

世耕経産大臣「コンビニの契約ってやっぱり選択制になっているらしいですね。24時間を選択必ずしもしなければいけないというものではない。（中略）現実、24時間というのは、そういう契約の中で販売店側も理解して選択をしてなっているのかなというふうに思っています」

（2017年3月22日　参議院経済産業委員会より）

この質問の後、「実際は選択制ではない」と24時間営業押し付けの実態を訴える声が多く寄せられた。ごく一部の店舗を除き24時間営業を選択せざるを得ないのが現状である。「せめて選択制を」――懇談や電話・メールで寄せられたオーナーの声にはこうしたものが少なくなかった。24時間営業の重要性はもちろん理解している。しかし個々の店舗の事情を考慮せずに押し付けるだけの現状では、いずれコンビニ自体が続かなくなってしまうのではないか。こうした危機意識が彼らにはある。韓国ではコンビニの深夜営業の強制を禁じる法改正が行われた結果、1000店舗以上が深夜営業を取りやめたと報道された。日本でも、飲食業をはじめとした他業種では24時間営業縮小の傾向にある。こうした時代の流れに柔軟に対応することこそが、コンビニの健全で持続的な発展につながるのではないか。

そして、「24時間営業の押し付け」をうらづける事件が発生した。

２０１８年の２月に福井県が記録的な豪雪に見舞われた際に、あるコンビニオーナーが、複数回にわたって営業停止を申し入れたが本部側が認めず、３日間にわたる断続的な勤務のために、約50時間一睡もできなかったと訴えたものだ。そのオーナーは、客が通常の３分の１程度で、店員が疲弊している上、店の屋根から雪が落ちて客に当たる危険もあるとして、一時閉店などを本部に要請し続けた。しかし担当者は、けがをしても仕方ないから店を開けておくようにと答えた。まさに24時間営業が加盟店をきつく縛っていることを示したケースといえよう。

２０１９年の２月には、人手不足から24時間営業を取りやめた東大阪のセブン-イレブンオーナーが、本部から契約の解除と１７００万円もの違約金を迫られる事態が起こった。私は報道があってすぐさま現地に赴き、オーナー本人から聞き取りを行った。

この問題は、ＮＨＫをはじめとした数多くのメディアが取り上げた。これをきっかけに、24時間営業の是非について国民的な議論が沸き上がっている。

以上のようなコンビニオーナーの過酷な実態を私は何度も政府に示し、その都度実態把握とＦＣ契約に対応した法律を制定するよう求めてきた。

東大阪でオーナーから聞き取り

図6

コンビニFC加盟店　実態アンケート

FAX：06-6762-2673

下記の事項を記入いただき、お手数ですが返信用封筒もしくは右記番号まで**FAX**にてご返信ください。
（お近くの党事務所やお知り合いの党員に直接お渡ししていただくこともできます）
右記QRコードから**Web版**での回答も可能です
（URL：https://goo.gl/forms/zxIVOqhmmDCJsf413）

●コンビニ経営をはじめて何年ですか　（　　　）年

●ご年齢をお教えください　（　　　）歳

●ご家族経営ですか　・はい（夫婦・親子）　・いいえ

●フランチャイズ契約本部は？（○で囲んでください）

・セブンイレブン　・ローソン　・ファミリーマート　・ミニストップ
・サークルKサンクス　・デイリーヤマザキ　・その他（　　　　）

●今困っていること（○で囲んでください。複数回答可）

・本部が見切り販売をさせてくれない　・24時間経営の負担　・本部からの仕入れ強要
・従業員確保、人件費の問題　・ロイヤリティーが高い　・従業員の社会保険料負担
・業務範囲が広すぎる　・契約更新への不安　・同業の近隣出店　・ドミナントへの不安
・オーナーさんの長時間労働（一日平均　　時間）　・契約時の説明と実態が違う
・多店舗経営　・ポイント負担　・防犯への不安

その他お困りのことがあれば何でもお書きください

●ご意見、ご要望

※いただいたアンケートの内容は国会質問の際の参考にさせて頂くことがあります。それ以外の目的で使用することはありません。
※差しつかえなければ、○お名前（　　　　）○店舗名（　　　　）お教えください。
□　お問合せ先
たつみコータロー大阪事務所　住所 大阪市天王寺区空堀町2－3　電話06－6768－7371　FAX06－6762－2673

大阪府内約4000店舗に対するアンケート調査

2018年秋、大阪の地方議員や後援会と協力しながらアンケート形式による大阪府下のコンビニオーナー実態調査を行った（図6）。私自身地元の此花区のコンビニオーナーのもとを訪れ対話し、アンケートによる実態調査に協力してもらった。アンケートに対する回答を分析した結果から見えてくる切実な実態を見ていこう。

■「20年で1日しか休まず。休みがほしい」「毎日18時間の労働」――長時間労働に苦しむ実態

同じ人がいつも店頭に立っている――そんな光景に思い当たる人も多いのではないだろうか。「15年で休んだのは10日ほど」「親が死

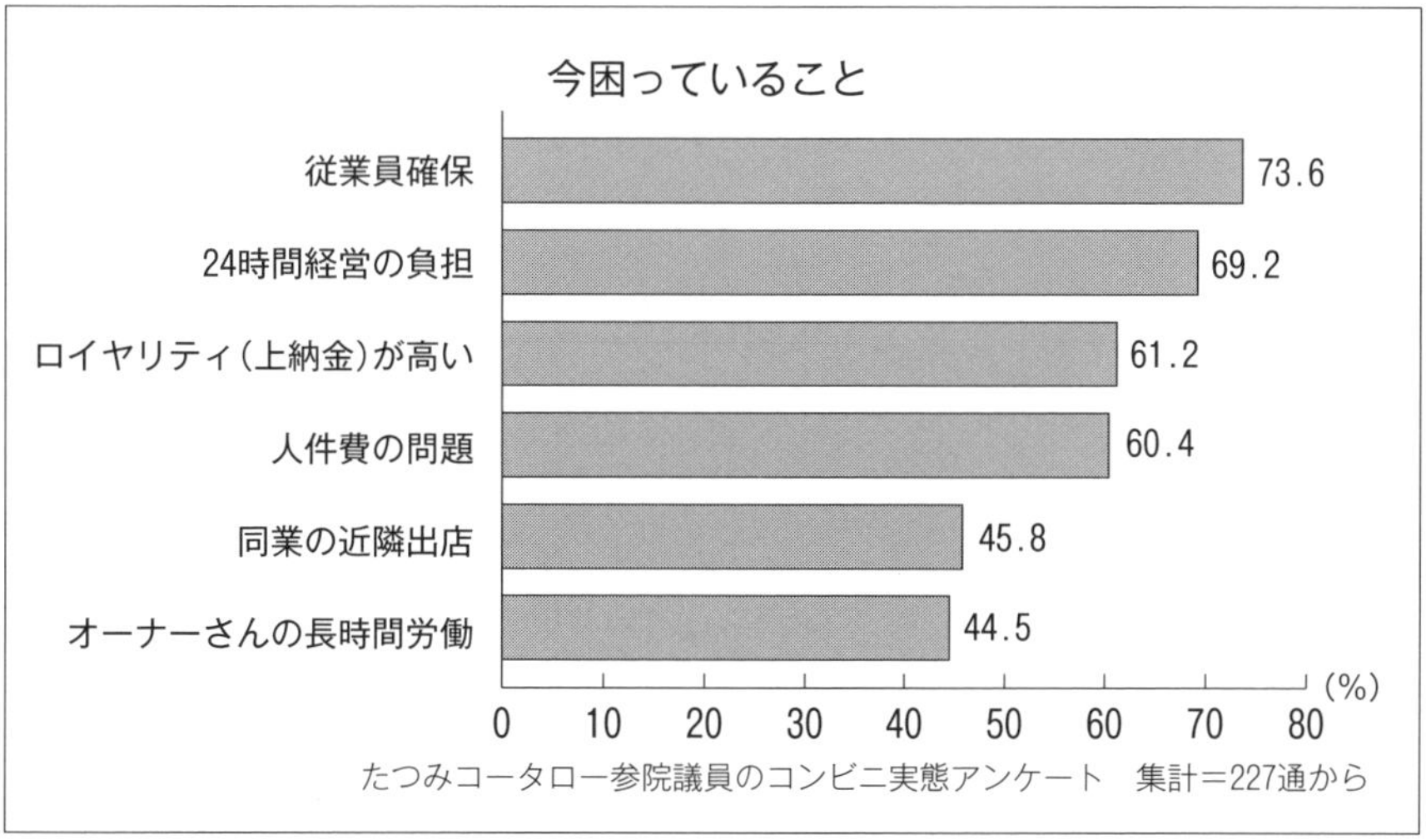

「しんぶん赤旗」日曜版（2018年12月23日付）

んでも休めない」「私たちオーナー夫婦も週に1回だけでもいいので休みがほしい。お正月や災害時には休ませてほしい」。労働時間の問いに対して、こういったオーナーの意見が寄せられた。平均労働時間は1日12・8時間、毎日18時間以上働いているオーナーもいたのだ。

■24時間経営の負担——従業員の確保の困難、人件費の問題

24時間経営については、「お客さんが少ない深夜営業の意味がわからない」「時代とあっていない。24時間制は選択制にしてほしい」など、69・2%のオーナーが負担だと回答している。そして、「24時間営業のため、人件費（深夜）の負担が大きい」「年中無休の24時間営業が人手不足につながり、自分が勤務するほかない（10年間休んでいない）」など、24時間経営の負担によって従業員確保が進まず、オーナーの長時間労働につながっている実態が浮き彫りとなった。

また、最低賃金の上昇により、人件費（60・4%）や従業員の社会保険料の負担（41%）が重く、従業員確保を困難（73・6%）にしていることもわかった。

■本部へのロイヤリティが適正でない

61%のオーナーが、「ロイヤリティが高い」と回答。自由記入欄にも、「利益が増えると累進的に高率で取られるロイヤリティのため、オーナーだけは将来的に実質賃金が減ることになる」「ロイヤリティが1～2%減るだけで人件費に回す事ができ、労働時間の改善

につながる」「全てはロイヤリティが起因。収益が少ないために、長時間労働や休みが取れない。人件費を充分に出せない」など、多くのオーナーから本部へのロイヤリティについての不満が出された。前述した独特の会計システムと最高で7割にも達する高い比率のロイヤリティ（上納金）により、加盟店の経営がどんなに苦しくても〝本部は必ず儲かる〟という不公平な仕組みがまかり通っているのだ。

■ドミナントへの不安――同業の近隣出店

また、「同業の近隣出店」「ドミナントへの不安」は合わせると71％が困っているとこたえている。ドミナントとは、同じ会社のコンビニ店を近隣にいくつも出店することであるが、「400メートルの距離へドミナント出店され売上ダウン。人員確保に困っている」などといった声があるように、立地が売上を左右するコンビニのオーナーにとっては大きな負担となる。近くに出店された加盟店の売上は減少し、アルバイトの確保も難しくなるのだ。しかし、本部にとっては、①配送の効率化（近くに店舗があれば配送が効率的など）、②地域の認知度上昇、③店舗管理の効率化（本部社員による加盟店の経営指導などの巡回が効率的に行える）といったメリットがある。

ドミナントをすることで一つ一つの加盟店の利益は下がる一方、本部の利益は上がるのだ。

■本部からの圧力――過剰な仕入れの強要など

本部から、「24時間・年中無休の強要」「月末在庫の強要」「店舗リニューアルの強要」

「商品の過剰な仕入れ強要」「見切り販売をするよりも廃棄するように指導」など様々な圧力を受けている実態が浮き彫りとなった。

この調査は地元の地方議員や党員の方々がコンビニに出向き、直接オーナーに調査への協力を求めるものとなっている。それだけに、率直な意見が記載されており、「コンビニのことをこれだけ考えている議員さんがいるのはありがたい」など多くの歓迎の声が寄せられた。アンケートの中には「私のように苦しむオーナーがいたら政府に実態を示してほしい」と求める声もあった。実際このアンケートによって「これだけ多くのオーナーから窮状を訴える声が寄せられた」と政府に提示することでより説得力を持った論戦が可能となったのだ。

この追及がもたらしたもの
コンビニのよりよい未来へとつながる一歩

私はコンビニの問題を取り上げる中で、「全国FC加盟店協会」や「コンビニ加盟店ユニオン」という団体と協力を深めていった。そういったオーナーの集まりとの共闘を進めた結果、2018年9月23日には「コンビニ問題を語るつどい」の開催に至った。日本共産党大阪府委員会主催で行ったこのつどいは、現役のオーナーやこの問題について研究している木村義和准教授（愛知大学）を招き、広くコンビニ問題を知ってもらうきっかけとなった。

私の質問は各方面に波紋を呼び、国会内でも与野党問わずこの問題に関心を持つ議員が現れるなど徐々に社会を動かしつつある。

NHKでコンビニ問題が特集されるなど、メディアでこの問題が取り上げられるようにもなってきた。また、私の公式HPにはコンビニ会計についてくわしく説明しているコーナーがあり、それが非常にわかりやすいということで「Yahoo!ニュース」のコンビニ問題について書かれた記事に掲載された。一般の消費者に対してもこの問題を提起するきっかけとなったのだ。コンビニ問題の本質はスポンサーとして支えてもらっている大手メディアやコンビニを最大の販路としている週刊誌では取り上げられない。企業団体献金を受け取らない日本共産党の議員だからこそタブーに切りこめる。

健全で、持続可能なコンビニの発展のため、今後もコンビニ問題に取り組んでいく。

第5章

Highlight

コータローがただす

たつみ論戦
ハイライト
01

カジノ解禁の裏側

カジノ解禁――議員立法による強行

２０１６年11月末、臨時国会は会期末を迎えようとしていた。14日間の会期延長が唐突に提起され、本会議で決まった。その直後、衆議院内閣委員会は理事懇談会を設定した。翌30日に委員会を開くというのだ。

議題は２０１５年に提出されて以来、審議に入れなかったカジノ推進法案（議員立法）だ。

報道陣があふれる委員会室で行われた30日の審議は、自民党の議員が持ち時間を大幅に残し、質問することがなくなったあげく般若心経を唱えたことで話題となり批判された。党として賛否の決まっていなかった民進党（当時）は質疑を行わず退席した。自民公明維新が賛成の立場から質問し、日本共産党だけが反対の立場から質問を行った。

結局、衆議院で２回、参議院で３回の審議しかされず、会期を再度３日間延長し、12月15日未明、衆議院本会議で可決された。あまりにも拙速な審議だった。

国民を顧みずカジノへ突き進む政府

この推進法により、政府は1年以内にカジノ実施法をつくることとされた。しかし、世論の反発も強い、ギャンブル依存症対策が先だ、など当初予定のスケジュールからは遅れ、政府は２０１８年通常国会にカジノ実施法案を提出した。

ＩＲ（カジノを含む統合型リゾート）担当大臣に任命されたのは石井啓一国土交通大臣。２０１８年7月6日カジノ実施法の審議が参議院で始まった。私は本会議の質疑に立つことになった。

辰巳「与党は、会期延長してまで今国会中に押し通そうとしています。政府・与党は、国民が懸念する法案をなぜこれほどまでに急いで成立させようとしているのですか。カジノとセットで進められている大阪万博に間に合わせるためですか」

安倍首相「政府としては、一昨年末成立したＩＲ推進法に基づいて本法律案を国会に提出したものであります。なお、大阪の夢洲で誘致を目指す国際博覧会は、ＩＲと関係するものではありません」

辰巳「今回のカジノ実施法案策定に当たり、海外資本からの要望を受け入れてきたのではありませんか。石井大臣、お答えください」

石井大臣「本法律案は、特定の要望を受け入れて制度設計したものではありません」

（２０１８年7月6日　参議院本会議より）

この本会議の日、7月6日がどんな日だったか。西日本を中心に、台風や梅雨前線が停滞した影響で雨が降り続いており、17時10分長崎、福岡、佐賀、19時39分岡山、19時40分広島、鳥取、22時50分京都、兵庫と、相次いで8府県に大雨特別警報が発表された。いわゆる西日本豪雨が本格的になった日である。

7日未明には岡山で小田川が氾濫、同日早朝には満水に近づいた愛媛県の野村ダムで大量の放流を行い、肱川が氾濫するという事態が起きた。

7月10日にはすでに死者・安否不明者が多数でていたが、内閣委員会ではあろうことかカジノ実施法の質疑が行われた。国土交通大臣がＩＲ担当大臣として内閣委員会に出席すれば、当然国土交通委員会は開けない。国土交通分野の災害対応の審議ができないのだ。10日の委員会で維新以外の野党は、カジノの審議より災害対応に大臣は当たってくれ、こんなことをしている時ではない、など批判した。さらに、この日の昼、広島の府中町で榎川が氾濫したというニュースが流れた。石井大臣はこのことを委員会で問われ「昼間のニュースで拝見いたしました」と答弁している。河川の氾濫という国土交通省所管の情報を大臣が知ったタイミングが、全国のお茶の間と一緒だったということが、このカジノ審議の異常さを物語っている。

12日の委員会では、週刊誌で暴露されたパーティー券問題が追及された。維新の会などカジノ推進法を提案していた議員たちが、海外カジノ事業者にパーティー券を買ってもらっていたというのだ。観光振興のため、地方財政のためなどというのは出まかせにすぎず、海外カジノ事業者や一部の議員の利益のためにカジノは解禁されようとしていた。

カジノをつくりたいのは誰か

7月13日の参考人質疑を挟んで、17日の内閣委員会で私は質問に立った。

前述の本会議質問で政府は、なぜ急いで成立させなければならないのかを答えていない。法で決められているなどと言うが、未曾有の豪雨災害を差し置いてまで急ぐ理由にはならない。その理由はやはり万博ではないのか、私は再度万博とＩＲは一体ではないかと問うた。

辰巳「大阪万博のテーマは『いのち輝く未来社会のデザイン』、サブテーマは『多様で心身ともに健康な生き方』であります。大臣、この万博のテーマと賭博解禁は相入れないと思うんですけど、どうですか」

石井大臣「大阪の夢洲で誘致を目指す国際博覧会は、IRと関係するものではありません」

辰巳「大阪万博のオフィシャルパートナーの企業の一覧を配付させていただきました（図1）。ピンクで囲ったところがカジノ企業なんですよ。シーザーズ・エンターテインメント、MGMリゾーツ、メルコリゾーツ・アンド・エンターテインメント・ジャパン、ハードロック・ジャパン、ラスベガス・サンズ、これ全部カジノ企業ですね。

大臣、何でカジノ企業が万博のオフィシャルパートナーになっているんですか」

石井大臣「私は万博の直接担当ではございませんので、よく承知をしておりません」

（2018年7月17日　参議院内閣委員会より）

石井大臣はIRと万博は関係ないとうそぶいたのだが、カジノ事業者が大阪万博誘致に協賛している。カジノと万博はセットだという証拠を突き付けた瞬間、委員会室では驚きの声が上がった。万博が夢洲に決まれば、鉄道や道路、港などインフラが税金で整備され

図１　大阪万博オフィシャルパートナー一覧

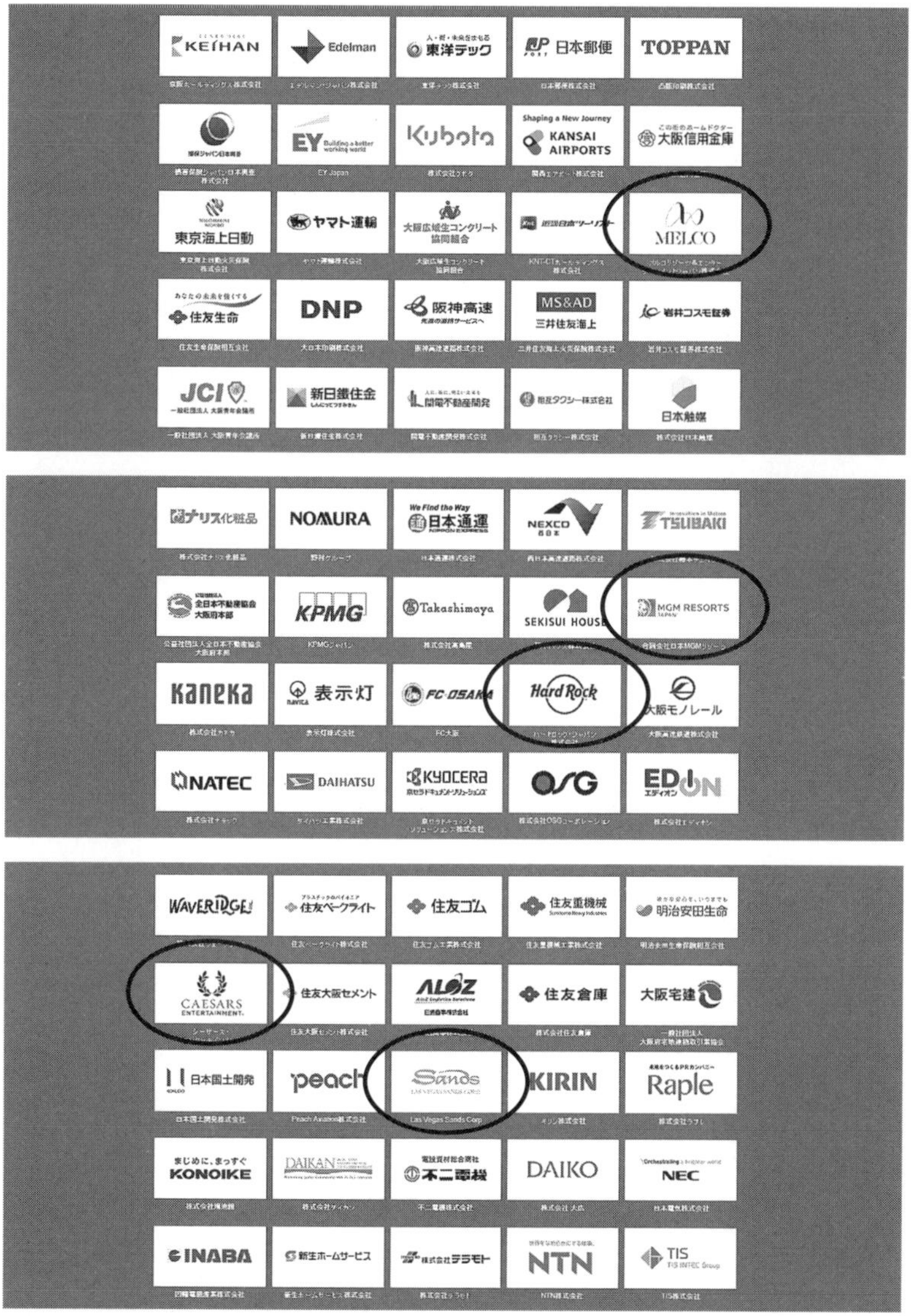

大阪万博のオフィシャルパートナーにカジノ事業者が含まれている

る。さらに、隣につくられるカジノ事業者にとっては、万博に来た客をそのまま呼び込める。だから応援するのだ。

大阪府市は焦っていた。なぜなら、2025年の大阪万博の前年までに、カジノを開業させる計画だからだ。そのためには認可手続きや工事の期間を考えると、どうしても2018年にカジノ実施法を成立させる必要がある。大阪（維新）の働きかけあっての強行であっただろう。

安倍政権にとってもう一つのファクターが、トランプ大統領からの要請だ。安倍首相は2016年にトランプ氏が大統領選挙に勝利するとすぐにトランプタワーを訪問。その直後に先述のように国会が延長され、法案審議が強行された。

ラスベガス・サンズのシェルドン・アデルソン会長は、トランプ氏の熱烈な支持者で多額の献金者としても知られる。アデルソン氏がトランプ大統領に持ちかけ、大統領から安倍首相へカジノ解禁の強い要請があったとしても何の不思議もないし、そのような報道もされた。カジノが日本につくられた場合、利用者の7～8割は日本人だ。日本人の懐に米国企業が手を突っ込んで強奪するカジノを、日本のトップが米国の要請で推し進める。これを売国政治と言わずして何と言うのか。

カジノありきであることを国民には隠したまま、2018年11月23日、大阪に万博がやってくることが決まった。翌24日に米カジノ大手ラスベガス・サンズは祝福のコメントを発表した。

「大阪・関西万博は、大阪が掲げる統合型リゾートの計画と密接な関係があります。いずれも建設地は夢洲であり、公共設備やインフラを必然的に共有することになるでしょう。したがって大阪・関西万博は、統合型リゾートを世界に紹介するプラットフォームにもなると考えております。（抜粋）」

万博とカジノが一体であることを、事業者自らが認めた形だ。

大阪のカジノ構想

２０１９年2月、大阪のＩＲ基本構想案が公表された。私はすぐに大阪府・市に聞き取りをおこなった。この構想の中でＩＲの売上想定が明らかにされた。ＩＲ全体の年間売上は４８００億円、うちカジノでの売上が３８００億円――売上の８割を占め

図２　カジノで莫大な「客の負け」

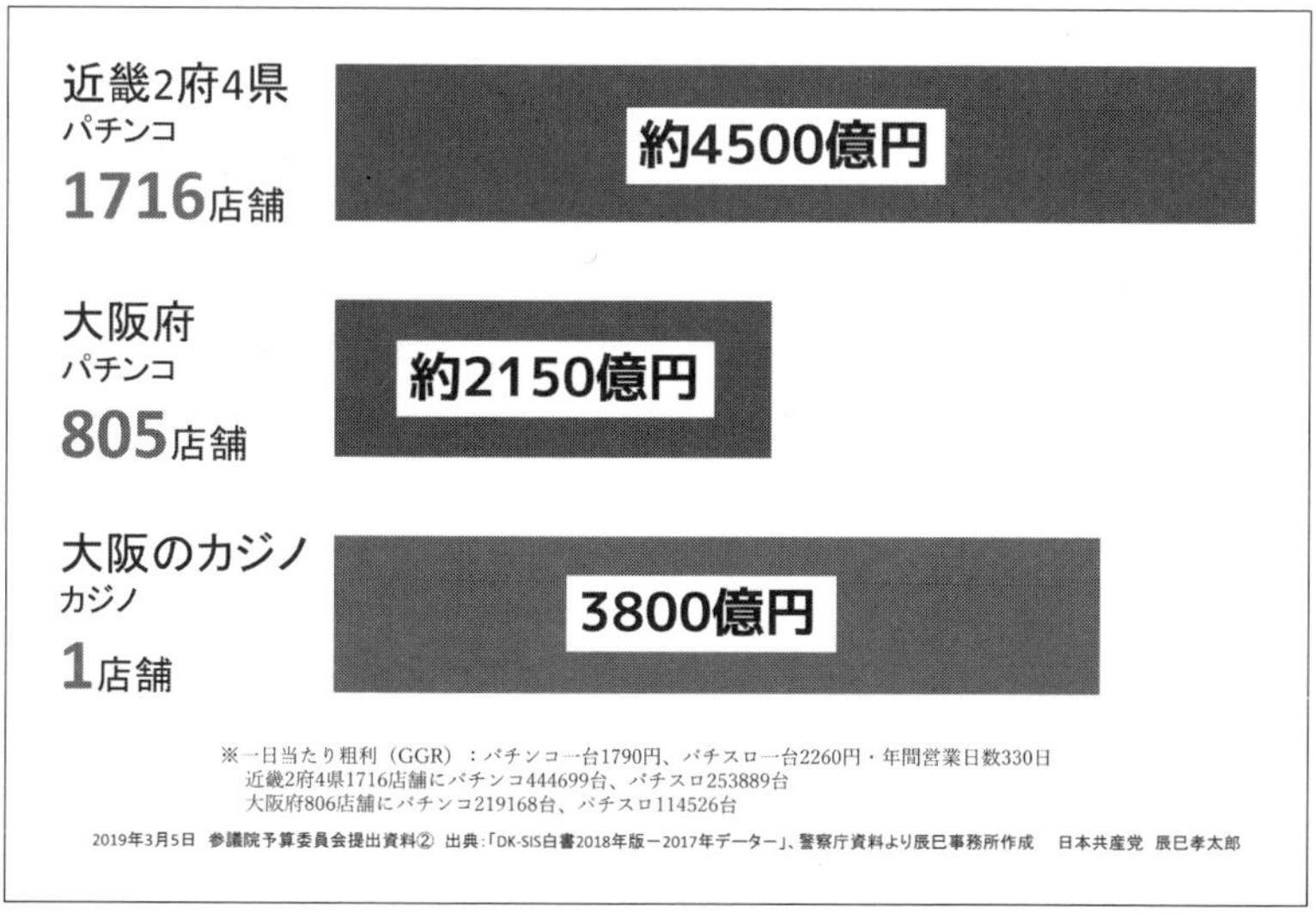

るのだ。「カジノはＩＲのほんの一部」と政府が繰り返し使うセリフがごまかしであることがよくわかる。

カジノの売上はＧＧＲと呼ばれ、客が賭けた金額から払い戻された金額を差し引いた金額のことだ。つまり、客が負けた金額の総額である。この３８００億円の客の負けというのがどれほど巨額か、私は２０１９年３月の予算委員会で試算を紹介した。図２を見てほしい。

これは、一番身近なギャンブルであるパチンコとの比較である。カジノができる大阪にはパチンコ店が約８００店あり、年間で２１５０億円客が負けている。一方、カジノはたった「1店」で３８００億円の客の負けを生み出すのである。実にパチンコ１４００店分である。このような恐ろしい賭博施設を大阪につくってはいけない。

カジノは地元自治体がノーといえばつくれない仕組みだ。たたかいはこれからだ。

たつみ論戦
ハイライト
02

消費税増税が日本をこわす

8％への増税反対を掲げて

私が参議院議員選挙で当選したのは２０１３年7月。翌２０１４年4月には消費税を８％に引き上げることが予定されていた。

「消費税増税ストップ！給料アップで景気回復」――この公約を掲げて当選して以来、中小企業のまち・商都大阪の議員として、私は一貫して庶民いじめの消費税増税反対の論陣を張ってきた。本会議に初登壇した２０１４年2月、補正予算案に対する反対討論を行った。

辰巳「この10年来、格差と貧困の広がりが問題になってきましたが、アベノミクスはこの格差を更に広げてしまったのです。

にもかかわらず、本補正予算案は、さらに大企業向けの減税や大型開発への財政支出を行う一方で、消費税増税、社会保障改悪などの国民負担を増大させるものになっています。これでは、好循環が生まれるどころか、国民生活を疲弊させ、消費を始め国内景気はますます落ち込んでしまうのは目に見えているではありませんか。

（中略）

政府の経済見通しによれば、消費税3％増、そして金融緩和による物価上昇圧力が加わり、来年度名目3・2％の物価上昇となるとしています。国民の実質平均賃金と可処分所得が低下する中、消費税を増税すれば景気を更に冷え込ませることになるのは明らかです。

日本共産党は、消費税に頼らずとも、大企業優遇税制を是正し、富裕層への応分の負担を求めることなどで、12兆円から15兆円の財源を確保できると試算をしています。私たちは、暮らしも経済も財政も破壊する消費税増税の中止を広く呼びかけるものであります」

（2014年2月6日　参議院本会議より）

消費税増税をすればくらしと景気に大きなダメージが出る、私はそう主張し反対をしてきた。しかし、安倍政権は２０１４年４月、予定通り８％への増税を行った。

デフレ調査会での質疑――二度の増税延期に追い込む

２０１３年から２０１６年までの３年間、私は「国民生活のためのデフレ脱却及び財政再建に関する調査会」（以下「デフレ調査会」）に所属していた。

参議院の調査会というのは、衆議院にはない機関で、「参議院に解散がなく、議員の任期が６年であることに着目し、長期的かつ総合的な調査を行う目的で設けられた参議院独自の機関」（参院ＨＰより）だ。内政、外交などの特定のテーマについて、第一線の研究者や専門家を参考人として招いて意見を聴取し、各議員が質疑し、対政府質疑が行われることもある。

私はデフレ調査会で、安倍政権の経済政策「アベノミクス」「三本の矢」が経済の好循環を生んでいないことを告発し、消費税増税中止の立場で何度も質疑を行った。

辰巳「実質賃金というのは23カ月連続で減少をしている。

一方で、収入と個人消費はどうかというので、日銀のアンケートがあります。収入について、１年後を現在と比べると増えると答えた人は８・７％。91％の人が変わらない・減ると。支出について、増やすと答えた人は５％にすぎない。53％の人が減らすと。

つまり、１年後も、収入については９割の人が増えないと感じていて、５割の人が支出を減らそうと考えている。

黒田日銀総裁、なぜこういう結果が出ているのか、どう分析されているのか」

黒田東彦日銀総裁「名目雇用者所得は増加している下で、消費税率引上げの影響を入れた消費者物価でデフレートしますと、おっしゃるとおり、ずっと実質賃金、実質雇用者所得もマイナスだったと思います」

（２０１５年５月13日　参議院デフレ調査会より）

黒田総裁は「消費税増税の影響で実質賃金が下がり続けているのはその通り」と認めた。

14年４月の５％から８％への消費税増税によって、日本経済は深刻な消費不況に落ち込み、14年度の国民総生産（ＧＤＰ）は13年度比マイナスに転落。追い込まれた安倍政権は、15年10月に予定していた10％への再増税を14年11月と16年６月の２回も延期せざるを得なくなった。

低所得者層に負担の重い消費税

２０１６年からは、経済産業委員会に所属し、引き続き庶民増税反対の論陣を張り続けた。以下は、２０１８年12月４日、世耕弘成経産大臣とのやりとりである。

辰巳「来年10月の消費税増税、これは日本経済のためにも国民の暮らしのためにも絶対にやってはならない暴挙です。ＧＤＰの６割を占める個人消費が振るいません。資料（図１）を見ていただきたいんですけれども、直近１年間の１世帯当たりの実質家計消費支出の平均年額換算は３３７・９万円なんですね。増税前の２０１３年の平均３６３・８万円と比べて、26万円も落ち込んでいるわけなんです。消費税の増税の影響が個人消費に影響を与えているのは、明白ではないかと」

世耕大臣「消費税率引上げに伴う価格上昇が家計の所得を実質的に目減りさせる効果から、個人消費を大きく減少させ、そこからの回復力も弱めたというふうに考えております」

辰巳「内閣府に確認しますけど、２０１５年の年次報告で、前回８％の引上げが低所得者に与える影響、どのように見ていますか」

図１　１世帯当たり年間の消費支出

	名目消費支出（円）	消費者物価指数（持家の帰属家賃を除く総合）（2015年＝100）	実質消費支出（円）（名目消費支出÷消費者物価指数）（2015年価格ベース）
2013年１～12月平均	3,485,448	95.8	3,638,255
			−259,469
2017年10月～2018年9月平均注）	3,429,468	101.5	3,378,786

注）2018年1月に調査で使用する家計簿の改正を行っている。当該改正による変動を調整した消費支出を推計すると、名目3,414,156円、実質3,363,696円。

資料：総務省「家計調査」（二人以上の世帯）

増島稔内閣府政策統括官「平成27年度の経済財政白書におきましては、総務省家計調査を用いて消費支出の動きを見ると、年間収入が約４５０万円未満の世帯、この低所得者層の消費支出が消費税率引上げ後に相対的に低い水準で推移したと、分析をしております」

辰巳「低所得者層がしんどいと。いじめた結果、日本経済の消費が落ち込んだ、私はそれが経済の低迷につながっていると、そういうことだと思うんですね」

（２０１８年12月４日　参議院経済産業委員会より）

世耕大臣は、２０１４年の消費税増税が家計の所得に影響を与え、個人消費を大きく減少させた事実を認めた。そして、内閣府の調査からも、特に低所得者層への負担が重いことが明らかになったのだ。

５００万ある中小業者に大打撃――インボイス制度の導入

消費税増税から4年後の２０２３年10月に導入される「インボイス」制度が、中小業者に大きな負担を与えると危惧されている。

事業者は、売り上げ時の消費税額から、仕入れや経費にかかった消費税額を差し引いて差額を納税する。インボイス制度では、この仕入れや経費にかかる消費税を「インボイス（税率ごとの税額、登録番号が記載された請求書）」で請求されていなければ差し引くことができないとしている。そして、これが重大なのだが「登録番号」は課税業者でなければ発行されないのだ。

年間売上１０００万円以下の免税業者はインボイスが発行できないため、取引先からするると「あなたのところから仕入れた分の消費税が差し引きできない」となる。そうなると取引してもらうため、免税業者から課税業者になることを事実上強いられる。

この制度のために、５００万いるともいわれる免税事業者が取引から締め出されたり、新たに納税義務と煩雑な事務負担を伴う課税業者にならざるをえなくなるのだ。

辰巳「中小・小規模事業者に与える影響について聞いていきます。

インボイスの導入の影響はどの程度だと考えておられるんでしょうか」

世耕大臣「インボイス制度を導入すれば免税事業者からの仕入れは、仕入れ税額控除ができないことになりますので、取引から排除されるのではないかなどの懸念する声がある、これは認識をしております。

経過措置を設けたことによって個々の事業者への影響を極力緩和ができるのではないかと考えています」

辰巳「本当にそうなるのかと。今日、資料（図2）で付けましたけれども、日本商工会議所が2018年9月28日に行った実態調査ですが、こういう結果が出ているんですね。

課税業者の免税事業者からの仕入れの対応について。

・免税事業者との取引は一切行わない、7・3%。

・一部を除いて取引は一切行わない、2・8%。合わせて10・1%です。

・経過措置の間は取引を行う、6・7%。経過措置が終われば取引はしないと。

・まだ分からない、これが最多で59・8%。

・取引を行うか否かの判断はしない、免税業者も取引しますというのが18・5%。

つまり、インボイスが完全に導入された場合でも、取引を継続すると今のところ判断しているのは2割に満たないということなんですね。裏返せば、最大で8割で

図２

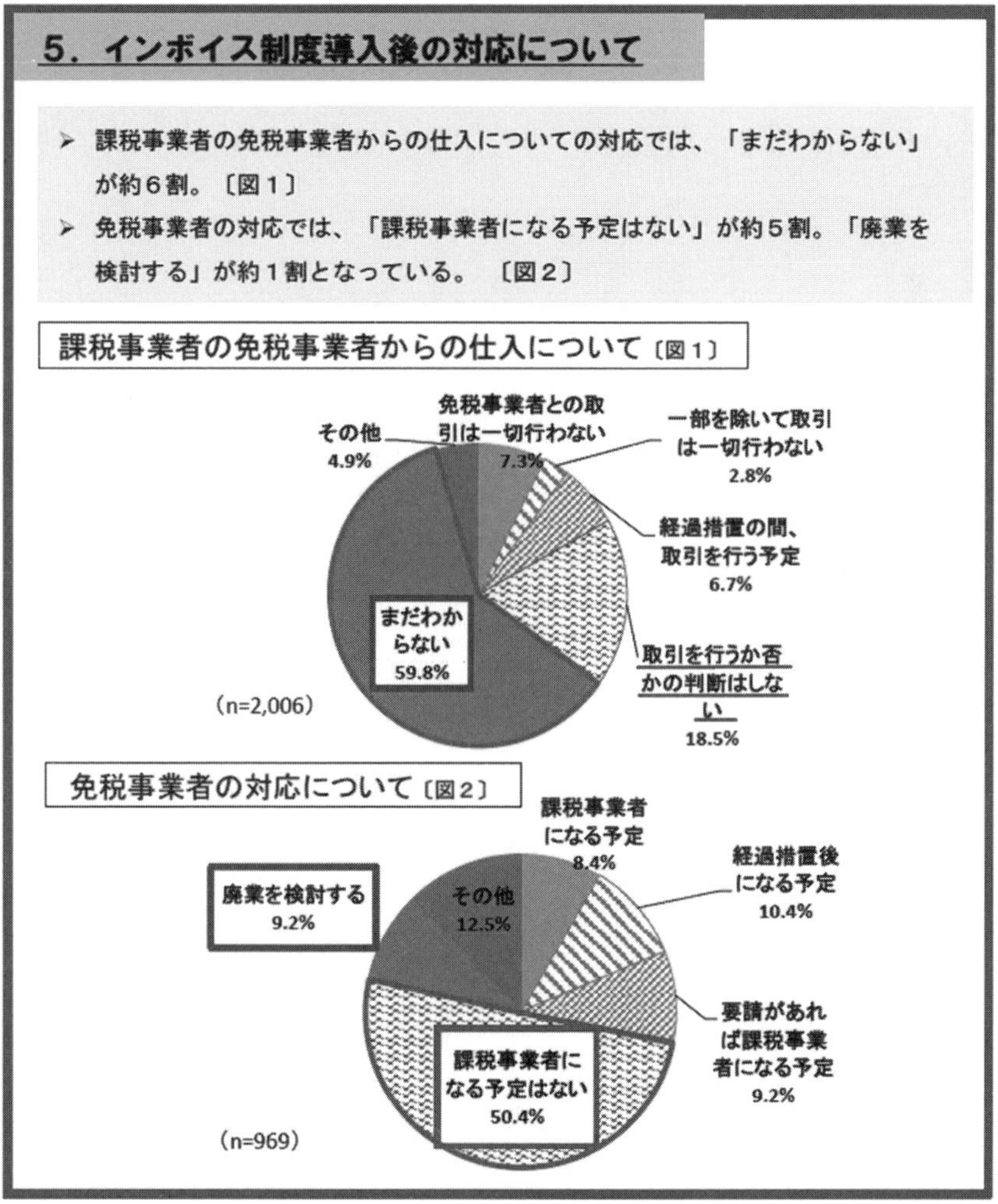

日本商工会議所「中小企業における消費税の価格転嫁および軽減税率の準備状況等に関する実態調査」より

切ってしまう可能性があるということではないんでしょうか」

世耕大臣「これは、もう既に法律の附則にもしっかりと盛り込んでいますけれども、ともかくよく状況を見て、取引への影響をよく見て、必要があると認めるときは、その結果に基づいて法制上の措置その他の必要な措置を講じてまいりたいと考えています」

辰巳「状況を見て、中小業者の苦境がなくなるわけではありません。消費税増税はストップするべきだということも述べて、私の質問を終わります」

（2018年12月4日　参議院経済産業委員会より）

大臣はインボイス制度の影響を軽く見すぎではないか。政府の都合で導入する複数税率、インボイス制度で特に苦労するのは小さな事業者である。10％への増税は絶対許すわけにはいかない。

たつみ論戦
ハイライト 03

格差と貧困
——憲法25条にもとづく生存権保障を

初質問は「脱法ハウス」

「私は格差と貧困の問題をライフワークに活動してまいりました」

2013年11月5日、初めての国会質問。こう切り出して、住宅の貧困について取り上げた。

私は9年間の生活と健康を守る会の活動を通じて、低所得者が安心して暮らせる住まいが圧倒的に足りないことを痛感していた。

だからこそ、国土交通委員会に所属することになり、当時、大きな社会問題になっていた「脱法ハウス」を取り上げることにした。「脱法ハウス」とは、オフィスビルやマンション、戸建て住宅を2畳程度の部屋に仕切って貸し出す「貧困ビジネス」だ。窓もなく、防火設備も不十分で法律上は「住宅」として認められない物件であるにも関わらず、多数の居住者を住まわせている実態が明らかになり、国土交通省は調査・指導に乗り出していた。

私は閉鎖が決まった「脱法ハウス」を実際に訪れ、居住者に聞き取りを行った。質問では「約9割の居住者が同様の施設に行った」という実態を示し、入居者を路頭に迷わせないための早急な対策、実態調査、相談窓口の設置を求めた。

貧困と格差が広がる一方、公営住宅は足らず、低所得者が活用できる住宅支援策がほとんどない。憲法25条が定める生存権保障の観点から、「住まいの貧困」解消へ、民間賃貸住宅への入居時に必要な敷金や礼金の補助、低利または無利子の貸付制度や民間家賃補助制度の創設などに踏み切るべきだと提案した。

その後、脱法ハウス問題では、格差と貧困の解消を求める世論と運動が広がり、国は全国の自治体を通じて違法物件の調査・指導を継続。一連の質問を契機に国会は2017年、入居支援事業など低所得者対策を盛り込んだ住宅セーフティネット法改正を超党派で実現。低所得者に対する入居支援事業に不十分ながら一定の助成が行われるようになった。

憲法25条の理念を空洞化――生活保護改悪法案に反対

初質問から1週間後の2013年11月12日。厚生労働委員会で生活保護改悪法案の質問に立った。

当時、自民党を中心に激しい「生活保護バッシング」が行われる中で、安倍内閣は改悪法案を提出。親族(扶養義務者)に対する調査権限の強化など、生活保護の申請をさせない「水際作戦」を助長する内容が盛り込まれていた。

1回目の法案審議が行われた7日の委員会では、日本共産党の小池晃参議院議員が質問に立ち、生活保護申請者の親族の収入・資産などの調査を強化する法改悪を先取りして、自治体が親族に調査書を送りつけている実態を明らかにした。その中には「扶養義務者の扶養(援助)を優先的に受けることが前提」などと生活保護法に反する記述があり、申請者が申請を諦める事態が起こっていた。

12日の委員会冒頭、田村憲久厚生労働大臣は、「不適切な表現」があったと認め、全国の自治体に改善を通知したと表明。

私は小池議員の質問を引き継ぐ形で、「扶養義務は(生活保護申請の)要件ではない」と明確に書くべきだと指摘した。

議員会館前の座り込みに参加

また、申請者が明確に申請の意思を示しても申請書類を渡さない門前払いが現場では日常的に起こっていると事例を示して追及。「水際作戦を合法化し、申請権が侵害される」「憲法25条の理念を空洞化させる」と法案に対する反対討論を行った。

改悪法は、自民、公明、民主、維新などの賛成多数で成立。翌年法施行にあたり、厚生労働省は2月に「改正省令案」を公表した。国会で「申請は口頭でも可能」「扶養義務者に対する通知や報告の求めはきわめて限定的な場合に行う」と答弁していたにもかかわらず、これに反する内容が省令案に盛り込まれていたが、多くの国民・団体が怒りのパブリックコメントを寄せ、決定された省令ではこうした内容は修正された。

国会答弁を骨抜きにする省令案を通そうとした厚生労働省を、世論と運動が許さなかったのだ。

「水際作戦」やめよ——初の予算委員会質問で安倍首相にせまる

2014年3月20日、初めての予算委員会での質問の出番がまわってきた。予算委員会は、第一委員会室で行われ、他の常任委員会の雰囲気とはまるで違う。当然緊張するので一番の得意分野で勝負するのが通常だ。私の場合それは生活保護だ。大阪市で行われている「水際作戦」の実態を告発した。

大阪市は、生活保護利用者の親族に対し、援助すべき額の「目安」を示して扶養の要請を行う方針を打ち出した（図1）。月の手取りが9万円という生活保護基準以下で生活す

図１　大阪市の仕送り「めやす」例

扶養義務者の手取り（月額）	親子間 兄弟姉妹などへ	父親→母子家庭へ（子どもが14歳まで）
38万4200円 ※1	5000～3万4000円	6万～8万円
20万1000円 ※1	1000～2万2000円	2万～4万円
9万800円 ※2	0～1万5000円	1万～2万円

(注)40才、単身、給与所得者、社会保険加入（※1)、国民健康保険、国民年金加入(※2)として換算

る人にも、最大で月１万５０００円もの援助を行うよう求めている。

辰巳「ワーキングプアに扶養を強制する目安が作られている。是正させるべきでないか」
田村大臣「扶養は保護に優先するが、要件ではない。一定の目安を示したものと聞いている」
辰巳「ワーキングプアで苦しんでいる子どものところにこんなものが届くんだったら生活保護の申請をもうやめておこうと。結局、水際作戦、常套手段の一つに使われていくということになる」
田村大臣「適用するときには慎重に慎重を期して対応していただくように助言している」
（２０１４年３月20日　参議院予算委員会より）

このほか、大阪市が50代の女性に35年間音信不通だ

った父親の扶養を通知し、さらにその女性の子どもにまで通知していたケースも紹介。「こうした事例は全国にある」と指摘し、「扶養が無理な人にも押し付けようというのが今の生活保護行政だ。こういうやり方は改めるべきだ」と安倍晋三首相に迫った。首相は「適切に運用されることが大切」と答えるだけだった。

私は「人間らしい暮らしを保障する『生存権』の魂を、生活保護行政と運用に入れ込むことを強く求める」と主張した。

住宅扶助引き下げ　44万世帯に影響

安倍政権は2013年以来、生活保護基準を次々と引き下げ、960億円を削減した。健康で文化的な最低限度の生活を保障するという憲法25条の趣旨に反するもので、許しがたいことだ。

2015年には家賃費用として支給される住宅扶助費の上限額見直しが強行された（図2）。総額190億円の削減で、影響は最大44万世帯に及ぶことが、私の質問に対する厚生労働省の答弁で明らかになった。生活保護世帯全体の27％にあたり、3～4世帯中1世帯が転居を迫られることになる。

大阪では本人の意思も確認せず転居を迫る事態が発生。「このようなことはあってはならない」と委員会で指摘すると、永岡桂子厚労副大臣は「本人の意思を十分に確認し尊重する必要がある」と答弁。

図２　住宅扶助基準の見直しの具体例

住宅扶助特別基準（上限月額）

	単身世帯		2人世帯	
	現行	見直し後	現行	見直し後
東京都 1級地	5.4万円	5.4万円（±0）	7万円	6.4万円（6千円 引き下げ）
大阪府 1級地	4.2万円	3.9万円（3千円 引下げ）	5.5万円	4.7万円（8千円 引下げ）
埼玉県 2級地	4.8万円	4.3万円（5千円 引下げ）	6.2万円	5.2万円（1万円 引下げ）
香川県 3級地	3.3万円	3.2万円（1千円 引下げ）	4.3万円	3.8万円（5千円 引下げ）

厚生労働省は全国の自治体に課長名の通知を出し、転居によって通院や就労、通学に大きな支障を来す場合は家賃を据え置くこと、まず世帯の意思や生活状況等を十分に確認することを求めた。運動と国会質問で勝ち取ったものだ。生活実態を無視した転居の強要を許さない力になっている。

　生活保護行政の改善については、このほか、大阪市が法令に違反し生活保護者の介護利用料の負担を強要した問題など、繰り返し取り上げた。

家を失ったら生きていけない
——母子無理心中未遂事件

「本当に悲しい話だ」。隣の与党席からも聞こえてくる程、胸の詰まる事件を私は２０１５年４月の予算委員会で取り上げた。２０１４年、千葉県銚子市で起きた母子無理心中未遂事件だ。その年の9月24日、千葉県銚子市の県営住宅在住の43歳の母親が13歳の中学生の娘の首を絞めて殺害。母子家庭の二人暮らしで、家賃を滞納し、県営住宅からの強制退去が執行される日のことであった。夫と離婚後長年にわたり困窮する中、住む場所を失ったら生きていけないと思い詰めての無理心中未遂事件だ。

家賃減免の周知徹底、居住支援を怠る住宅行政

今回の事件が起こった現場である県営住宅は、収入によって家賃が決定されるが、所得によっては、申請すればさらに減免することができる（公営住宅法第16条4項）。当時、母親の収入はパートで7万円、児童扶養手当を合わせても12万円程度だった。母親の所得からすれば家賃減免が可能であったにもかかわらず、制度が活用されず、家賃滞納による強制執行の原因となった。私は２０１６年3月の質問で、「入居許可の取り消しや強制退去をするようなときは、必ず滞納者本人と面談すべきではないか」と追及し、家賃減免制度の周知徹底を迫った。石井啓一国土交通大臣は、「明け渡し請求に至る前の段階で、訪問等により入居者の事情等の把握に努めることが重要」と答え、その必要性を認めた。

水際作戦で母子を追い詰めた生活保護行政

家賃減免されなかったことに加え、さらに母親を追い詰めたのは、「最後のセーフティ

ネット」と呼ばれる生活保護を申請できなかったことだった。母親は、１万円でも２万円でも助けてほしい、保護を申請したいという思いで相談したが、担当職員から、「申請してもお金がおりない」「あなたの場合は支払われる額はない気がする」などと言われ、申請できずに追い返された疑いが強いのだ。

私は、「教示義務違反であり、生活保護を必要としている母親を追い返したということに等しい」ときびしく追及。厚労省の石井淳子社会援護局長は、「保護の申請権を侵害しないことはもとより、侵害していると疑われるような行為自体も厳に慎むべきである」と答弁。

休日に２人でそろって出かけることもある仲の良い親子として知られた２人だった。入居資格が取り消された際の家賃滞納額は、９カ月分の11万５２００円だった。母親は11万円の滞納をきっかけに愛する我が子に手をかけてしまった。母親の行為は絶対に許されないが、母親の気持ちはどの様なものだったのか。セーフティーネットが機能していない政治と社会の責任を痛感せずにはいられない。

児童扶養手当の支払い回数増を求め、実現

この論戦の最後に、ひとり親家庭に支給される児童扶養手当の「まとめ支給」の問題も取り上げた。手当が年３回、４カ月分まとめて支給されるため、収入の増減のむらが低所得者の生活設計を困難にするという問題だ。

辰巳「厚労大臣に聞きます。生活困窮者、一人親家庭が家計管理の困難さを抱えやすいという認識はありますか」

塩崎大臣「一人親の方々の多くは経済的に厳しい状況にあることから、家計管理の支援をすることが重要だというふうに私どもは思っております」

辰巳「では、手当の支給回数が増えれば、低所得者にとっての、一人親家庭にとっての家計管理の困難さは軽減されると思いますか。生活の安定に寄与するんじゃないですか」

塩崎大臣「児童扶養手当の支給回数を増やすということについては様々御意見を頂戴しているわけでありますけれども、家計管理がしやすくなるという御指摘のような意見があることは承知をしておりまして、一方でしかし、支給額の総額が増えるわけではないわけでございますので、一人親の経済的負担を軽減するものではないわけであって、家計管理が困難な方を困難なままにしておくことは適当ではないと考えておりまして、一人親家庭の自立を図る観点からは、支給回数の増加よりも、一人親が自ら計画的に家計管理をできるように支援をしていくということが必要ではないかと」

辰巳「いや、母子家庭に寄り添う目線を本当に持ってほしいと思うんですね。年金支給、1990年、年4回から6回に増やしました。なぜそうしたんですか」

塩崎大臣「年金の支払については、これは受給者サービスの改善を図るということで、平成2年から年6回の支払を行ってきているところでございます」

辰巳「じゃ、母子家庭に対してもやってくださいよ。１９８８年の年金審議会では、将来の年金毎月支払への対応ということもまとめているんですよ。こういう要求だってあるんです。年金受給者だけではなくて、母子家庭の、一人親家庭のこの児童扶養手当も支給回数を増やしていただきたいと思います。

それともう一つ、支給間隔が大きくなることで、離婚直後から貧困に陥ってしまうということも私は指摘したいと思います。11月1日に仮に離婚届を出した母子家庭が初めての支給、これ何月になりますか」

香取照幸厚労省局長「児童扶養手当は年に3回の支給ということになります。認定を請求した月の翌月から支給をすることになりますので、仮に11月の1日に新規申請があると、12月分からの支払になります。12月分の支払は、12月、1月、2月、3月と4カ月分を次の4月に先ほど申し上げました金額でお支払をすることになります」

辰巳「今、与党の方からせめて2カ月ぐらいにという話もありましたけれども、これ4カ月後なんですよ。預貯金があればいいんですけれども、結局なければお金借りるしかなくなります。先ほど児童扶養手当は生活の安定に寄与するためだという答

図3

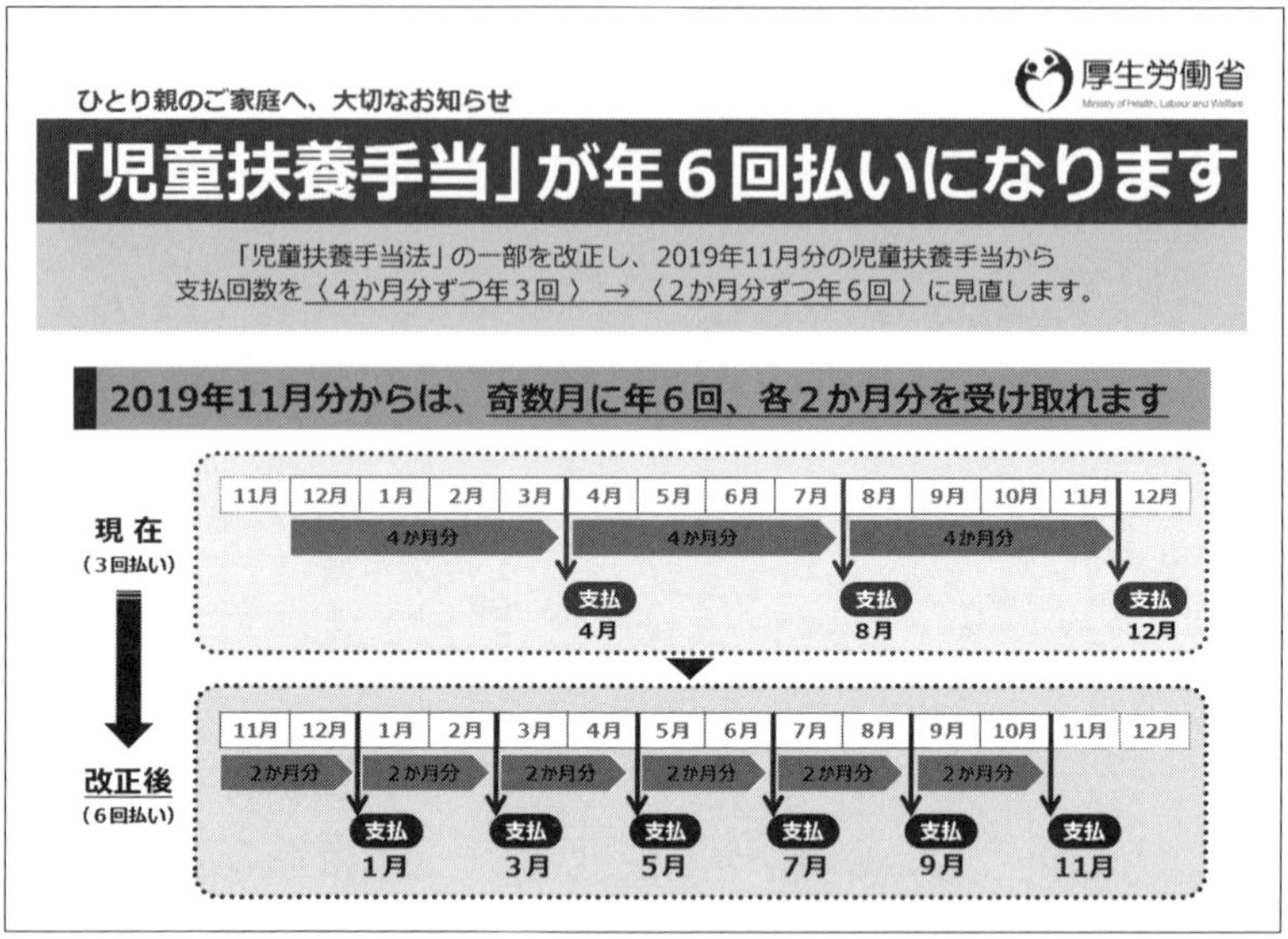

弁がありましたから、その趣旨が最初から反映できない制度になっているということであります。
　政府は、一億総活躍社会を掲げ、とりわけ女性の活躍を訴えておられます。母子家庭を更なる貧困に陥らせないための対策、これは絶対渋るべきではないと思います。児童扶養手当を現在の年3回から6回にすることを強く求めて、私の質問を終わります」
（2016年3月9日　参議院予算委員会より）

この提案は、その後の野党共同提出の児童扶養手当法改正案にも盛り込まれ、2016年4月28日の参議院厚生労働委員会での児童扶養手当法改正案（政府提出）の附帯決議でも、「ひとり親家庭の利便性の向上及び家計の安定を図る観点から、支給回数について隔月支給にすること等を含め、所要の措置を検討すること」が明記された。そして、2018年の児童扶養手当法改正で、19年度から手当の支給回数を年3回から6回に増やすことが決まった（図3）。

たつみ論戦ハイライト04

残業代を取り戻せ ブラック企業に立ち向かう

社会問題化した「ブラック企業」と2013年参院選

「ブラック企業にお仕置きよ！」

これは2013年7月の参議院選挙に際して、日本共産党が発行した「しんぶん赤旗号外」の大見出しである。当時、「ワタミ」や「ユニクロ」などの有名企業が、新卒社員の「使い捨て」を繰り返すなど、若者を使い潰す働き方をさせていることが問題になり、「ブラック企業」が同年の新語・流行語大賞を受賞。国会やしんぶん赤旗紙上でそれらの過酷な労働実態を追及してきた日本共産党は、「ブラック企業」を根絶し賃上げと雇用のルールをつくれと訴えて6議席から11議席へと躍進。大阪選挙区でも私が党議員として15年ぶりに当選した。

ブラック企業規制へ法案提出　日本共産党 公約実践第1号

党国会議員団は同年8月7日、「ブラック企業・雇用問題対策チーム」を発足させた。当選直後で8月2日に初登院したばかりの私はその副責任者として、労働者からの聞き取りを踏まえた法案準備作業に身を投じた。

私は、選挙戦の最中から、大阪中を駆け巡り、青年たちから過酷な労働実態や悲鳴に近い声をつぶさに聞いてきた。「1日に15、16時間も働かされ、休みは日曜だけ。体調を崩した」「突然、『辞めろ。明日から来なくていい』と言われた」「どれだけ超過勤務をしても残業代は固定額の5万5000円しか支払われない（固定残業代制）」――。こうした無数の若者の声を胸に刻みつけ、そこから出発して、労働者を守るための法案を作る。これこそ、「立法府」である国会で、私が最初にやった仕事だったのだ。

「ブラック企業規制法案」提出［赤旗］

ブラック企業規制法案骨子

（1）長時間労働の是正

・労働時間を正確に把握、記録し、本人らが閲覧できるようにする
・年間の残業時間上限を360時間に法定
・次の出勤まで最低11時間の休息時間を保障
・サービス残業は残業代を２倍にする

（2）労働条件などの情報公開

・採用数と離職者数を公表
・求職者からの労働法令に違反していないかの問い合わせにハローワーク等が答える制度をつくる
・賃金の内訳を明記させ、誇大宣伝や虚偽記載をやめさせる

（3）パワハラをやめさせる

・パワハラをやめさせ、違法行為を取り締まる。厚労省はパワハラを行った企業に指導や勧告を行う

そして迎えた10月15日、党国会議員団は「ブラック企業規制法案」を参議院に提出。党参議院議員団の11人全員がそろって橋本雅史参議院事務総長に法案を手渡した（写真）。日本共産党が単独で法案を提出するのは２００４年以来、実に９年ぶりのことだ。志位和夫委員長が国会内で記者会見し、「７月の参院選で躍進して得た議案提案権を活用した公約実践の第１号です。法案の成立をめざすとともに、国民運動と一体になって法案の内容に即して現実の政治を動かすという両面で頑張りたい」とその意義を語った。

法案提出が厚労省を動かした
——一斉調査と是正措置、青少年雇用促進法案、企業名公表

厚労省は、２０１３年から２０１４年にかけて、５０００を超える事業所への立ち入り検査を行い、違法行為などの是正措置に動いた。「若者の使い捨て」が疑われる企業、つまり「ブラック企業」を初めて対象にして監督・是正に乗り出したものだ。

その後も同省は、ハローワークを通じて大学生や大学院生を採用する企業について、離職率を公表するなど規制法案の内容を実施に移した。「ブラック企業」の手口である「固定残業代制」の問題では、求人の一斉調査と是正に乗り出し、虚偽・誇大な求人広告をしないよう業界団体などにも要請した。

そして政府は、２０１５年通常国会に新たな法案を提出し、党の規制法案で掲げた職場情報の開示などを企業に課すことにした。「青少年雇用促進法案」だ。この法案に対して日本共産党は、規制をより実効性あるものとするため修正案を提案。これには社民党が共同提案に加わり、民主、維新など与党を除く全議員が賛成した。修正案は、規制法案で掲げた情報開示項目などを提起したもので、規制法案が党派を超えて道理があることを示すものになった。

さらに２０１７年10月、厚労省は、残業代の不払いなど労働関係法令違反で送検した企業など４７８社の「ブラック企業」名をホームページで公表した。違法な長時間労働で社

員を過労自殺や精神疾患に追い込んだ電通や三菱電機、労働安全衛生法に反して危険な作業をさせた新日鉄名古屋製鉄所、残業代の不払いが告発されたヤマト運輸など大企業も掲載された。

日本共産党が提出したブラック企業規制法案そのものは成立していないが、その中身は次々に実現したのである。

ブラックバイト――セブン-イレブン本部による「勤務時間切り捨て」をTV質問で告発

２０１６年３月の予算委員会で、コンビニ業界最大手のセブン-イレブン本部が、独自の勤務管理システム「ストアコンピュータ（ＳＣ）」を用いて、アルバイト労働者の勤務時間を違法に切り捨てていた実態を告発した。

辰巳　「大手コンビニチェーン店がこの違法行為を可能にするシステムで正確な賃金を払っていないということを今日は取り上げたいと思います。パネル（図１）を御覧ください。

全国１万８５００店舗以上を展開する業界最大手のコンビニチェーン店、セブン-イレブンであります。セブン-イレブンは、ストアコンピューターと言われる独

図1

セブン-イレブン　勤務時間の管理

従業員名	出勤スキャン時刻	始業時刻	終業時刻	退勤スキャン時刻	実労働時間
A	2:51	3:00	9:00	9:07	6:00
B	8:46	9:00	13:00	13:12	4:00
C	12:53	13:00	19:15	19:16	6:15
D	16:10	16:15	3:30	3:30	11:15
E	17:01	17:15	22:00	22:13	4:45
F	21:47	22:00	3:30	3:44	5:30

セブン-イレブン店舗オーナーより辰巳孝太郎事務所が聞き取り作成

自の勤務管理システムを用いて、それぞれの店舗で使用をさせております。これ、どういうものか。

従業員が自分のバーコードをこのコンピューターにかざしますと、出勤スキャン時刻として1分単位の正確な時刻が表示されます。ところが、始業時刻としては15分未満を切り上げたものが自動的に入力をされます。Aさんの場合だと、2時51分にスキャンをしている、ところが、始業時刻は、15分未満は3時に切り上げられるということになるわけです。また、同様に、退勤スキャン時刻も正確な1分単位の時刻が表示されますけれども、終わりの時刻として、終業時刻としては15分未満が切り捨てられたものがこれ自動的に記録をされるということになっております。その結果、実労働時間は1分単位ではなくて15分単位の切りのいい時間となって、実際よりも少なく賃金計算されることになっているんです。

総理、違法行為を可能にするシステムをこのセブン-イレブンが作成していることそのものが問題ではないですか」

安倍首相「1分ごとで管理をしなければならない、しっかりと使用者側は、企業側は法令にのっとって正しく対応してもらいたいと思うわけでございまして、将来を担う若者は貴重な人材であり、使い捨ては許されないものでありまして、アルバイトで働く学生の方々も、労働者である以上、適正な労働条件が確保されなければならないのは当然であろうと思います。

しかし、現実には、アルバイトで残業が支払われないあるいは休憩時間が与えられないといった労働関係法令に違反するにもかかわらず、学生の無知や立場の弱さに付け込む違法行為等が発生していることは極めて重大な問題であると、このように考えております。

今後とも、学生アルバイトの方々の労働条件の確保に努めてまいりたいと思います」

辰巳「正しく賃金が計算されるべきだという話でありました。総理、これ、例えば時給900円の労働者が月20日間、つまり年間240日働いた場合ですと、始業と終業で最大、このシステムだとそれぞれ14分ずつ切り捨てられるということになるんですね。それで計算しますと、切り捨てられた給料というのは年間で10万800円にもなるんですよ、10万800円。これ、残業代ですと、125％、アップですから、もっと増えるんですね。まさに賃金泥棒だと言わなければならないと私は思います。

そして、先ほどの基準にも明らかに違反をしているわけでありまして、厚労大臣、これ、明らかに違反しております。この本社に対して指導すべきじゃないですか、どうですか」

塩崎大臣「今のお話ですと、15分単位で事実上時間が管理をされているために今のような問題が起きると、こういう問題かというふうに思います。

実際に、その指揮命令下に置かれた時間が切り捨てられたり、賃金や割増し賃金の不払が生じている場合には、原則としてこれは労働基準法違反になるということでありますから、そういう事例であれば、それは指導をしなければならないということだと思います」

（2016年3月28日　参議院予算委員会より）

セブン‐イレブンの勤務時間管理システムが、15分単位で行われており、年間で計算すると最大10万円以上にものぼるアルバイト労働者の賃金が切り捨てられていたというものだ。そして、安倍総理は「極めて重大」と答弁し、塩崎大臣も「指導しなければならない」と答弁したわけだ。

セブン-イレブン本部が行政指導を受け、システムを変更

同年8月、セブン-イレブン本部は、加盟店オーナーにあてた8月23日付文書「従業員給与システムの変更について」で、「行政からの要請を踏まえシステム変更を行います」と、行政指導があったことを明らかにした。オーナー向けのシステムの手引には、「賃金は労働時間に応じて支払うことが原則であり、その労働時間は1分単位で管理することが必要です」「15分単位で計算することで労働時間を切り捨てることは違法とされますので注意しなければなりません」と記述された。また同文書には、シフト時間前後の着替えや朝礼、片付けも勤務時間に含まれることが説明されている。

セブン-イレブン本部の広報は、「しんぶん赤旗」の問い合わせに「指導というか指摘を受けたのは事実です。これまでもシステム上、1分単位で登録できたが、集計計算まで含めてできるよう変更した」と答えた。

私はこれを受けて、「しんぶん赤旗」に、「今回の通達は一歩前進です。管理システムで15分単位を選択したとしても、実際に1分単位での勤務が発生した場合は、法令どおり1分単位で賃金を支払う必要があります」とのコメントを発表した。そして、「店舗オーナ

ーは不公正な契約やコンビニ独自の会計システムなどで本部に搾取されており、抜本改善を国会でも引き続き求めていきます」とも述べた。セブン-イレブンをはじめとするコンビニの問題をめぐっては、本部が店舗オーナーを搾取している問題も深刻だ。この問題については、第4章「コンビニの闇に斬り込む」で詳述した通りである。

たつみ論戦
ハイライト 05

就職先は戦場かも？ 防衛省の隠れ「徴兵」計画を告発

若者の平和を求める運動を励ました国会論戦

「#本当に止める　彼らは『これは戦争法案ではないし、徴兵制なんてあるわけない』と言っていたが、企業の新入社員を自衛隊に派遣させようとする案が２０１３年の防衛省にはあったそうです。就職活動でデモどころじゃないなと言っている場合ではありません。就職先は戦場かもしれませんよ。８月30日は13時に国会前『希望のエリア』付近へ。路上で会いましょう。」

これは、憲法違反の戦争法案（安保関連法制）が参院安保法制特別委員会で審議されていた２０１５年8月、「戦争法案廃案！安倍政権退陣！全国１００万人大行動」（30日）への参加呼びかけの言葉である。この行動は国会議事堂前12万人、大阪・扇町公園２万５０００人など全国１０００カ所以上で、戦後史に刻まれる空前の規模で列島各地に広がり、安倍政権の暴走政治を許さない巨大な意思表示となった（写真１）。

この呼びかけで触れられた「企業の新入社員を自衛隊に派遣させようとする案が２０１３年の防衛省にはあった」というくだりこそ、私が８月26日の安保特委員会で初めて暴露し、マスコミがこぞって報じた「防衛省の隠れ徴兵計画」である。

写真１　国会前を埋めた市民ら（2015年８月30日）［赤旗］

憲法９条に反して、海外で戦争することを可能にする戦争法案

２０１５年９月19日未明、７割に上る国民の反対の声を押し切って強行「可決」された戦争法（安保関連法制）。その一番の問題点は、歴代政府の憲法解釈を百八十度覆し、「存立危機事態」と判断すれば、日本が直接武力攻撃を受けていないのに、海外で武力を行使することを認める「集団的自衛権」の行使を容認したという点である。

日本共産党国会議員団は、その違憲性と危険性をいち早く見抜き、内部告発で寄せられた政府・防衛省の内部文書を何度も暴露し、法案成立を阻止する論戦を繰り広げた。当時国土交通委員会に所属していた私は、戦争法が成立することにより、米国の起こす海外の戦争に日本が参戦することになり、民間の陸、海、空の輸送関連事業者も巻き込まれる危険性を明らかにする質問をしようと、準備を重ねた。

自衛隊のイラク派遣——自衛隊員・武器弾薬の99％が民間輸送

まず着目したのが、衆議院で日本共産党の赤嶺政賢議員が暴露した陸自の内部文書「イラク復興支援活動行動史」だ。この文書では、自衛隊のイラク派兵（2003～09年）時において「総輸送力の99％を民間輸送力に依存」していたことが明記されていた。

8月26日の参議院安保法制特別委員会。この点を示した私の質問に対して、中谷元防衛大臣は、物資や人員の輸送にあたり、民間企業が大きく関与していた事実を認めた。中谷大臣は、個別の企業名を上げ、民航機では日本航空、アントノフ航空（ウクライナ）、ブリティッシュ・エアウェイズ（イギリス）、タイ国際航空を利用したことを明らかにした。そこで私は「行動史」を引用して、日本通運との契約によりクウェートなどへの装備品の運搬も行われていたと指摘し、「武器・弾薬（の輸送）も含まれるか」と追及。中谷大臣は当初「人道支援物資等だ」とはぐらかしたものの、「（武器・弾薬も）含まれている」と明言した。

私は、「非戦闘地域」の枠組みを撤廃する戦争法案によって、「活動範囲が広がる。自衛隊が行けるところは、民間企業の行けるところになる」と強調し、自衛隊に対する「安全確保配慮」規定が民間企業には適用されないことも指摘した。この質問は、当日夜の報道ステーションでも取り上げられ、反響を呼んだ。戦争法案が自衛隊員だけでなく、広く民間企業の社員も危険にさらすことが明らかになったのである。

防衛省の「隠れ徴兵計画」を暴露

続いて取り上げたのが、冒頭に引用した防衛省の「隠れ徴兵計画」である。防衛省が安倍政権下の２０１３年に、民間企業の新入社員を任期制の「士」として2年間自衛隊に入隊させる制度（図１）を検討していたことを初めて明らかにした。

辰巳「ここに示しているのが防衛省の作った『長期　自衛隊インターンシップ・プログラム』、『企業と提携した人材確保育成プログラム』のイメージというものであります。（中略）これ、中身見てびっくりしますよ。どういうものか。企業側で新規採用者を2年間自衛隊に実習生として派遣をする、一任期限定の任期制士として受け入れる、自衛隊は自衛官として勤務させて一定の資格も取得をさせる、2年間た

図1

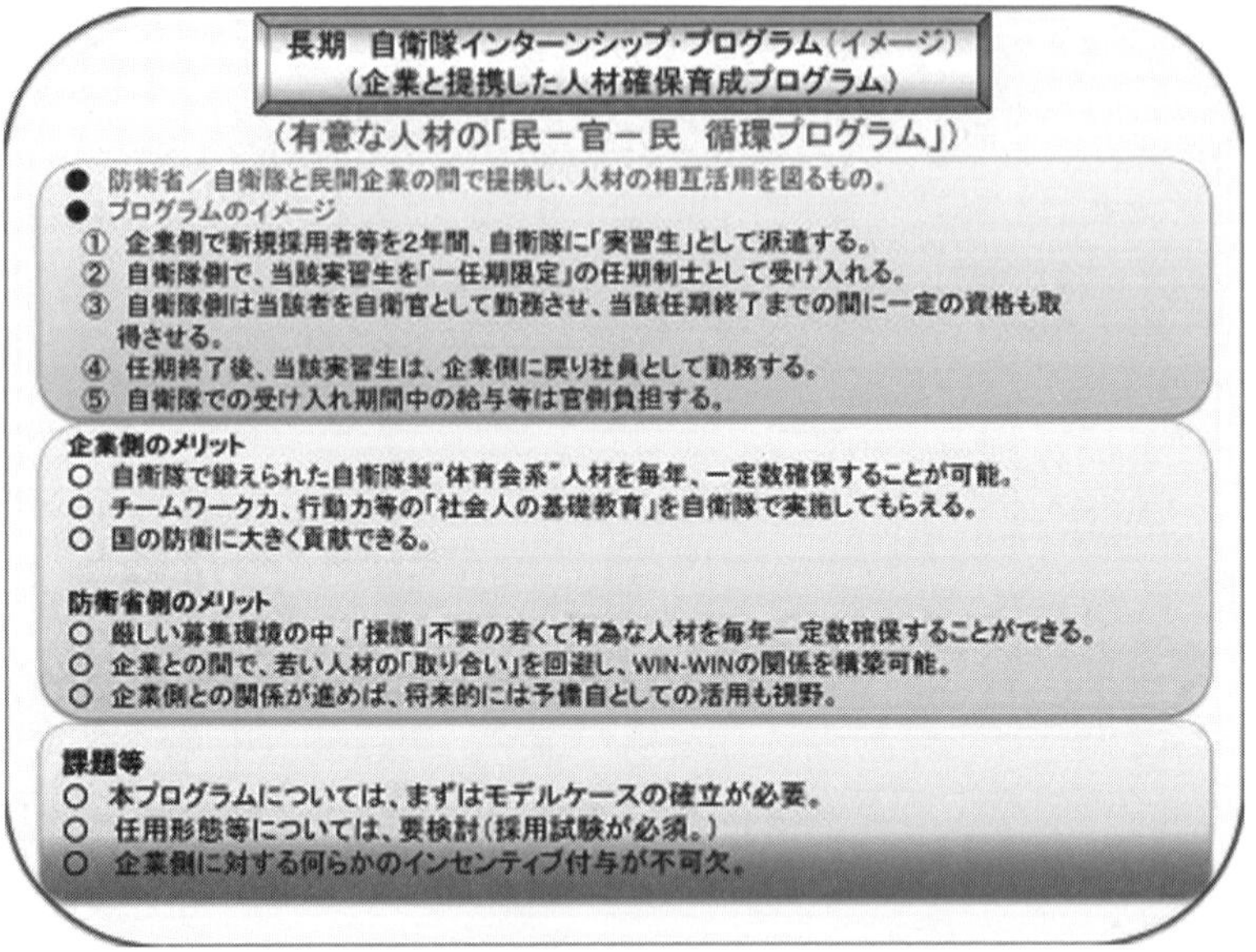

長期　自衛隊インターンシップ・プログラム（イメージ）
（企業と提携した人材確保育成プログラム）
（有意な人材の「民－官－民　循環プログラム」）
● 防衛省／自衛隊と民間企業の間で提携し、人材の相互活用を図るもの。
● プログラムのイメージ
① 企業側で新規採用者等を2年間、自衛隊に「実習生」として派遣する。
② 自衛隊側で、当該実習生を「一任期限定」の任期制士として受け入れる。
③ 自衛隊側は当該者を自衛官として勤務させ、当該任期終了までの間に一定の資格も取得させる。
④ 任期終了後、当該実習生は、企業側に戻り社員として勤務する。
⑤ 自衛隊での受け入れ期間中の給与等は官側負担する。
企業側のメリット
○ 自衛隊で鍛えられた自衛隊製“体育会系”人材を毎年、一定数確保することが可能。
○ チームワーク力、行動力等の「社会人の基礎教育」を自衛隊で実施してもらえる。
○ 国の防衛に大きく貢献できる。
防衛省側のメリット
○ 厳しい募集環境の中、「援護」不要の若くて有為な人材を毎年一定数確保することができる。
○ 企業との間で、若い人材の「取り合い」を回避し、WIN-WINの関係を構築可能。
○ 企業側との関係が進めば、将来的には予備自としての活用も視野。
課題等
○ 本プログラムについては、まずはモデルケースの確立が必要。
○ 任用形態等については、要検討（採用試験が必須。）
○ 企業側に対する何らかのインセンティブ付与が不可欠。

防衛省が検討していた計画

ちますと企業に戻って社員として勤務をすると、自衛隊での受入れの期間中の給与等は官側の負担とすると書かれているわけでございます。企業側のメリットとして、自衛隊で鍛えられた自衛隊製体育会系人材を毎年一定数確保することが可能だと、こう書いてあるわけですね。

大臣、なぜ体育会系人材を毎年一定確保することが企業側にとってのメリットだと防衛省は考えたんですか」

中谷大臣「このプログラムのイメージには、実習生の身分、給与、採用選考など様々な点でまだ課題が多数ありまして、防衛省では、これ以降、これにつきましての具体的な検討は行っておらず、また今後も検討を行う予定もないということでございますが、イメージを提供したというのは事実でございます」

辰巳「大臣、質問に答えていただきたいんですね。体育会系人材、これを得られれば企業のメリットとなると、そういう人材を自衛隊では育成しているということだと思うんですね。企業のトップに従順な人間をつくるということではないかと、これがウイン・ウインの関係かというふうに勘ぐることもできなくはないというふうに思います」

（２０１５年８月26日　参議院安保法制特別委員会より）

私は、この質問の最後に、以下のように述べて締めくくった。

「この集団的自衛権の行使を認める戦争法案というのは、米国の無法な戦争に日本が加担をするものであります。戦地に行かされるのはまさにこういった若者であります。今日、傍聴にもたくさんの若い人たちが来てくれていますけれども、これだけ多くの若者がこの法案の本質を見抜いて、この法案の成立反対、廃案に立ち上がっております。そういう若者を企業を通じて戦地に送るようなシステムを提案する、私はその発想そのものが恐ろしいと言わなければならないと思います。このような戦争法案は廃案にするべきだ」

この質問は、「防衛省が画策する隠れ徴兵計画　民間企業の新人をバンバン戦地に投入」（日刊ゲンダイ）、「自衛官リクルート大作戦」（週刊朝日）、「国会で暴露された！　新入社員2年間徴兵計画」（サンデー毎日）、「隠れ徴兵制『サラリーマンを自衛隊員化』計画の恐怖」（FRIDAY）などメディアで取り上げられ、大きな反響があった（写真2）。

写真2　メディアの反響続々

たつみ論戦ハイライト 06

逃げる法人税を追う

課税の条件

日本で利益を上げた企業は、日本に法人税を納めている——当たり前に思うだろうが、実はそうではない企業がある。

外国企業は日本国内で事業を行っていても、日本国内に「恒久的施設」がなければ、日本では課税されない、というのがからくりだ。この「恒久的施設」というのが曲者である。例えばアマゾンは、日本に子会社（アマゾンジャパン）を持ち、莫大な利益を得ている。しかし、この子会社は「恒久的施設」ではないと、日本の法人税の納税を拒否してい

図1　アマゾンが税の追徴を求められた取引の構図

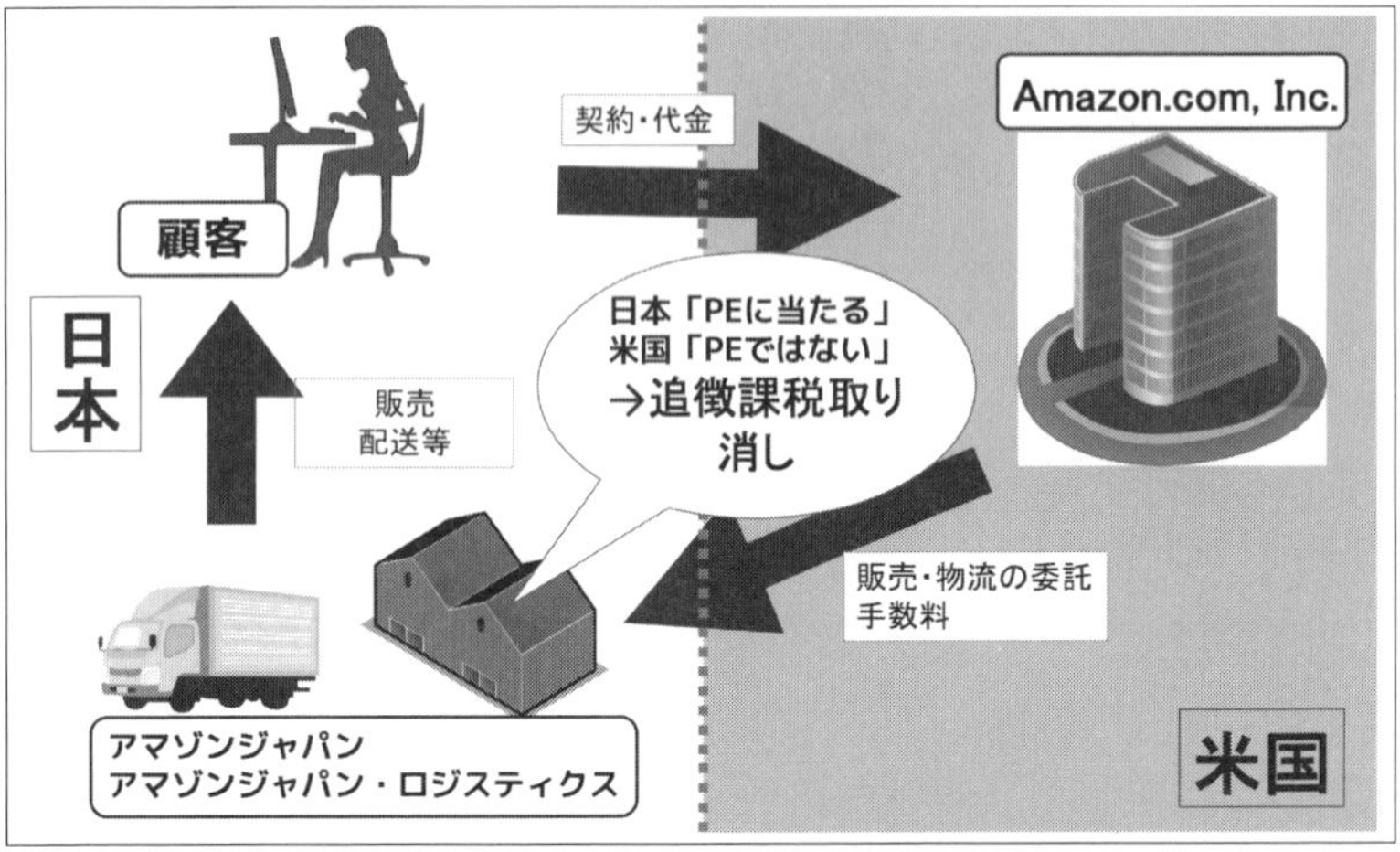

国内施設がPE（恒久的施設）かどうかで課税できるか決まる

るのだ。２０１６年12月、私はこのことを委員会で取り上げた。

辰巳「アマゾンジャパンは日本国内に倉庫をたくさん持っております。国税庁は、これを恒久的施設と認定をして１４０億円の追徴課税を行いましたが、アマゾンジャパンはこの倉庫は恒久的施設ではないと主張して納税を拒否した（図１）。結局、日米協議の結果、国税庁の主張は退けられたといいます。どういう協議をしたんですか」

麻生大臣「個別の納税者の課税、協議の状況についての具体的な答弁は差し控えます」

（２０１６年12月5日　参議院ＴＰＰ特別委員会より）

麻生太郎財務大臣は答弁を拒否したが事実ではないと否定もできなかった。外国企業の税逃れがすでに日本で横行している実態が明らかになった。国税庁が課税しようとしても、アメリカとの協議で退けられてしまったのだ。ほかにもアップル、グーグル、フェイスブックなどＩＴ企業の税逃れがとりわけ世界的な問題になっている。

ＴＰＰが課税逃れをアシスト

国際的にこの税逃れをなんとかしなければということで、ＢＥＰＳプロジェクト（税逃れ対策）という取り組みがある。ＢＥＰＳプロジェクトでは、多国籍企業が進出先国で「恒久的施設」認定を回避し、税逃れを行うことを防止するため、「恒久的施設」の定義を拡張。また、インターネットを使って、他国から遠隔で販売、サービス提供等の経済活動ができるビジネス（現地に施設を持たないビジネス）への課税の在り方も検討課題としている。

この取り組みに水を差しかねないのがＴＰＰだ。

辰巳「ＴＰＰ協定では、事務所、恒久的施設、この設置はそもそも求めない、求められないということになるわけでありますから、結果的に課税の機会を縮小させるものになるんじゃないんですか」

安倍首相「TPPの規定は、現地拠点の設置要求によって、サービス貿易が制限されないよう設けられたものだ」

（2016年12月5日　参議院TPP特別委員会より）

安倍首相は話をそらしたが、国内拠点がいらないとなれば、安全・衛生や緊急対応に必要な施設も置けず、課税の機会も逃すことになる。私はTPPが多国籍企業の横暴を規制するどころか、その利益を最大化させるために使われると批判した。

辰巳「租税条約の原則がPE（恒久的施設）なくして課税なしなんですよ。そのPEを求められないということは課税の機会の縮小につながるんです。当然の話です。

こんなTPPは、多国籍企業の税逃れや、野放しにつながるということを申し上げて、私の質問を終わります」

（2016年12月5日　参議院TPP特別委員会より）

逃げる税金を追いかける

多国籍ＩＴ企業にどう課税するかということは世界的な課題であり続けている。

昨年イギリスは、２０２０年4月から「デジタル課税」を導入すると発表した。恒久的施設をイギリス国内に持たない大手ＩＴ企業が、イギリスのユーザーから得た収入に２％の税を課すという制度だ。

次いで、フランスもデジタル課税の導入を決め、今春法案を提出予定だ（2月時点）。今年の1月に遡及して適用するとされている。ネット広告や個人情報の売買などで得た利益への課税で、年間5億ユーロ（約６４０億円）の税収を見込んでいると報道された。

ＥＵでもデジタル課税導入の議論は行われている。Ｇ20、ＢＥＰＳプロジェクトでもだ。しかし、大手ＩＴ企業を抱える国の反対により議論がまとまらないのが現状だ。しびれを切らしたイギリスやフランスが先行して課税を行う形になった。このことはＥＵやＢＥＰＳプロジェクトの議論にも影響を与えるだろう。

恒久的施設がなくても課税する方法はある。日本も本腰を入れて、課税逃れを許さないための取り組みを行わなくてはいけない。

たつみ論戦
ハイライト 07

原発ゼロ、エネルギー政策転換へ

東芝経営危機――原発輸出進めた政府の責任は重大

「福島県民や被災者は原発を輸出してもうけた金で復興してほしいなんて望んでおりません。文字どおり、日本経済の重荷になっている原発ビジネス、原発推進政策から転換し、再生可能エネルギーの爆発的普及に全力を尽くすべきです」

２０１７年5月16日、私は、経済産業委員会で、原発事業による巨額の損失が原因となって起こった東芝の経営危機について取り上げた。

東芝は、〝利益を出せ〟の掛け声で架空の利益を計上し、「不正会計」（粉飾決算）の責任を厳しく批判されてきた。その上、傘下に入れたアメリカの原子炉メーカー「ウェスチングハウス（WH）」の赤字が大きく、決算発表も再三延期するなど、このままでは上場企業の座を失いかねない事態となっていた。

私は、この東芝の原発事業による巨額の損失の大本に、原子力メーカーと一体で原発を推進してきた政府の責任があると追及した。

政府は、WH買収の2カ月前に「原子力立国計画」を策定。「海外市場の獲得はメーカーだけでは限界がある」とし「国が支援を行う」「国際展開の推進を官民一体となって効率的に進める」としていた。私はこの点を指摘し、「政府が積極的に旗振りをしてきたことは明白だ」と重ねて質した。

「逃げる」柳瀬局長と「かばう」世耕経産大臣

私はこの日の委員会に、当時経産省経済産業政策局長だった柳瀬唯夫氏を答弁者の1人として登録した。柳瀬氏は、計画の立案当時、資源エネルギー庁の原子力政策課長として直接の担当者であり、後に麻生、安倍首相の総理秘書官まで登り詰めた人物である。

辰巳 「2005年当時、日本の原子力を担う国、メーカー、電力会社は、1995年の「もんじゅ」におけるナトリウム漏えい事故などによって、日本における原子力の未来に確信が持てない、いわゆる三すくみ状態と言われておりました。この三すくみ状態を打開するために国が一歩前に出る姿勢を示したかったんだと、2005年の7月5日、日刊工業新聞でインタビューに答えているのが当時のエネ庁原子力政策課長であった柳瀬さんであります。今日は柳瀬さんも来ていただいているんですけれども、当時の原発推進の旗振り役を御自身されていたと思うんですが、これを振り返ってどのようにお考えになりますか」

柳瀬局長「当時の経緯を申し上げますと、まず原子力委員会というところで原子力政策の基本的な方向を、当時は5年ごとを原則に決めていたわけでございます。それで、2005年の10月に原子力政策大綱というのを閣議決定したものでございます。（中略）大きい方向性はこの原子力政策大綱のところで方針は出ていて、その具体策を当時議論して、私は事務局の課長としてまとめました」

辰巳「答えていないんですけど、旗振り役をやっていたということですよね。東芝は、この現状に、どこで間違えたのかというメディアの問いに対して、綱川社長は、2008年に受注した原発事業と答えて、続けて、ウェスチングハウスを買ったこととも言えなくないとはっきり言っております。誰が考えてもそうだと思うんですね。そのウェスチングハウス買収を高く評価したのが柳瀬さん、あなたなんですよ。今となってはその評価は間違いだったと思いませんか」

世耕経産大臣「今日は産業政策局長として政府参考人として来ていますので、包括的な話として私の方がお答えしたいと思いますけれども、当然国が、これは原子力政策にかかわらず、大きな政策的方向性、国家戦略を描くというのは、これは当然あるわけであります。また、その国家戦略に沿った方向で民間が具体的アクションを取ってくれたら、それは一定の評価をする、政府として評価をするというのは、これは十分あり得る、普通のことだというふうに思う」

右から世耕大臣と柳瀬局長

辰巳「国が大きな政策を掲げて、それに東芝が乗ったんだから、もちろん東芝の責任もありますよ。だけど、国の責任だってあるということじゃないですか。大体、原子力関連企業の買収などは、これ一企業の判断では済むような問題では私はないと思います。当然政府も当時米国政府と調整をしてウェスチングハウス買収を後押ししたんじゃないですか。柳瀬さん、どうですか」

世耕大臣「あくまでも国は大きな方向性を示すのであります。それに、その方向で取り組んでくれる企業に対して評価をするのは当たり前のこと。ただ、個別の投資の判断ですとか、そのプロジェクトの収益性をどう確保していくかというのは、これはやはり個社の問題だというふうに考えております。個社の経営の問題であり、その責任はあくまでも個社の経営陣に一義的には帰するものだというふうに考えます」

辰巳「結局、今日の議論聞いて、はじめに責任はないと大臣答えたわけですけれども、どう考えても政府の責任というのはもう明白だと、旗振りをしているわけですから。そして結局、虎の子の半導体の技術、これの流出を懸念せざるを得なくなっているというのが現状であります。これが原発事業の失敗が原因ということであれば、政府の責任を重く受け止めなければならないのは当然であります」

（2017年5月16日　参議院経済産業委員会より）

この通り、質問に答えない柳瀬氏を追及する私に対し、世耕弘成経産大臣が出てきて答弁するというやりとりとなった。普通は大臣を官僚がかばうが、大臣が官僚をかばうという異例の展開だ。柳瀬氏と言えば、2018年に発覚した「加計学園疑惑」で参考人として招致され、「記憶にない」を連発したあの柳瀬氏である。

原発輸出「総崩れ」――安倍政権の「成長戦略」原発推進路線の行き詰まり

それから1年半たった2018年の冬、安倍政権と財界がすすめてきた、イギリス、トルコなどへの原発輸出の破綻が次々に明らかになった。日立製作所によるイギリスでの原発建設計画は、建設費が当初の1・5倍の3兆円にも膨れ上がり、資金調達のめどが立たなくなった。日立の中西宏明会長（経団連会長）は「もう限界だ」とのべた。三菱重工業によるトルコでの原発建設も、建設費の膨張による資金難で断念の方向であることが明らかになった。このほか、輸出が狙われていたリトアニア、ベトナム、台湾、インドでも、原発建設は断念や保留に追い込まれている。まさに「総崩れ」だ。「成長戦略」の柱に位置づけて首相自身がトップセールスで売り込みを図ってきた原発輸出の行き詰まりはいよいよ明白である。

私は、2013年参院選で「原発ゼロ」を公約に掲げて当選して以来、安倍政権の原発輸出、東芝の破綻と国の責任、関西電力大飯・高浜原発再稼働、東京電力による東海第二原発再稼働支援、九州電力による安全神話をふりまくパンフレット配布、堺市の小学校で問題となった文科省の「放射線出前授業」など様々な問題を、国会論戦で取り上げてきた。

原発ゼロ基本法制定へ

２０１８年3月9日、日本共産党、立憲民主党、自由党、社民党の野党4党は、「原発廃止・エネルギー転換を実現するための改革基本法案」（原発ゼロ基本法案）を衆議院に提出した。

稼働している原発は停止する、再稼働は一切認めないということが法案の中心点だ。前文では、２０１１年の東京電力福島第一原発事故の経験によって「安全神話」は崩壊し、原発は計り知れないほど重大な危険を伴うとの認識が広がるなかで、「国の原子力政策が誤りであったことを認め」、全原発を停止・廃止し、省エネ・再生可能エネルギーによる需給構造の転換をはかる方針を明確に位置づけている。

原発ゼロ基本法案は、これまで述べてきた原発固執の安倍政権に対する、野党の対案といえるものだ。法案成立に向け、世論と運動をさらに強めるため、私も全力を尽くす決意だ。

福井県高浜町で調査・懇談

たつみ論戦ハイライト08

スナックのママが逮捕？時代おくれの風営法を見直せ

「今、スナックの業界に激震が走っている」――。2017年5月30日の経済産業委員会で取り上げたのは、札幌ススキノなどの歓楽街におけるスナック経営者の相次ぐ逮捕だった（写真）。

「カラオケに拍手」「おしぼり手渡し」で逮捕?!

摘発されたママたちの逮捕理由とされているのは「風営法の許可を取らずに〝接待〟をした」というもの。風営法では「歓楽的雰囲気を醸し出す方法により客をもてなす」ことを「接待」と定義。警察庁作成の「解釈運用基準」が、「接待」に当たる行為を具体的に示している。

私がまず指摘したのは、この運用基準の「あいまい」さだ。特定少数の客の近くにはべり、継続して談笑の相手をしたり、酒等の飲食物を提供すると接待。しかし、お酌をしたり水割りを作ったりしてもすぐその場を立ち去り、儀礼のあいさつや若干の世間話は接待に当たらない、とされているからだ。

辰巳「若干の世間話程度であれば接待には当たらないんだとあるわけですね。つまり、若干の世間話以上のものは接待に当たるわけなんですね。若干の世間話というのはどれぐらいのことをいうんですか」

全國商工新聞

札幌・ススキノ　スナック経営者の逮捕相次ぐ

"談笑・お酌"は風営法違反!?

警察が過度な取り締まり

罰金100万円・廃業も

「接待」したただけで店内で手錠・腰縄

風営法の解釈基準

「"おどり接客"まで解釈一つで犯罪に」

「全国商工新聞」2016年８月８日付

小田部耕治警察庁長官官房審議官「接待に当たるか否かにつきましては、客が飲食店にいる間に行われます一連の行為の中でどのような行為が具体的に行われていたかなど個別具体の事情に応じて判断することとなるところ、一般論として言えば、接待に当たらない若干の世間話とは、特定の客又は客のグループに対して単なる飲食行為に通常伴う役務の提供を超えない程度の会話であると考えているところでございます」

辰巳「いや、それがよく分からないんですよ、どこまでが若干の世間話か。それ以上となると、一号営業の許可もらわなあかんということになるんですね、接待をやっているということで。

大体、談笑もない、カラオケに対する拍手もない、私、こういうスナックが繁盛するとは到底思えないんですね。カラオケでお酌したりとか、当然おもてなしだと私は思うんですね。警察の拡大解釈による取締りということがあるわけです」

（2017年5月30日　参議院経済産業委員会より）

次に、兵庫県警が料飲業者に示す「確認書」が「おしぼりを手渡す」ことなども「接待行為に該当する」と明記していることを指摘。私は、「手渡すのがダメなら、おしぼりを投げろというのか？　ここに（運用基準の）恣意的解釈が行われる可能性が示唆されている」と厳しく批判した。

国会附帯決議を踏まえ、人権に配慮し過度な取り締まりはしないことを確認

さらに私は、1984年に改正された風営法の国会附帯決議では警察の立ち入りに当たり「職権の乱用や営業している者に無用の負担をかけないよう適正に運用すべきこと」を求めているとし、「決議を踏まえ、指導を旨として過度な取り締まりはしないということを確認できますか」と迫った。警察庁の小田部審議官は、「附帯決議の趣旨を踏まえ、国民の基本的人権を不当に侵害することのないよう…都道府県警察を指導している」「今後とも、風営法が適正に運用されるよう、都道府県警察を指導してまいりたい」と答弁。過度な取り締まりはしないことを明確に確認した。

風営法の解釈運用基準の見直し迫る――世耕経産大臣が見直しに言及

そして、全国商工団体連合会が2016年に行った料飲街アンケートで、約7割の業者が「接待基準を見直すべき」と回答していることを紹介しながら、「地域住民の憩いの場」としてのスナックの意義を強調し、地域経済の発展のためにも、解釈運用基準の見直しが必要だと迫った。

辰巳「全国商工団体連合会が去年行った料飲街アンケートでは、約7割の方が接待基準を見直すべきだと答えております。料飲店の果たす役割についても、地域住民の憩いの場だ、地域での催事の打ち上げなどに利用している、お客にとってはストレス発散の場だと、お客さんにあしたへの活力を取り戻してもらえるという仕事や地域貢献に対する誇りを持って商売をされております。大臣、最後にお聞きしたいんですが、大体、おしぼりを渡すとかカラオケに拍手をするとかお酌をするとか、こういうことがそもそも警察の許可が要ることなのかということだと私は思うんです。この解釈運用基準が余りにも古くて、拡大解釈も可能となっています。私は、不合理やと思うんですね。地域経済、地域の発展、経済産業大臣として、こういう不合理な規制、これは変えるべきやと思うんですけど、どうですか」

世耕大臣「今日は本当に勉強になりました。次、スナックへ行くときは、若干の世間話は逸脱しないように、また、近くにはべって褒めはやされないように気を付けながら飲まなきゃいけないなと思ったわけであります。（中略）一般論として申し上げれば、経済活性化に向けては、経済社会情勢の変化や技術の進展を踏まえて、時代に適合しなくなった規制があればそれを合理的なものにしていくということは必要だと思いますし、現に、風営法においても、クールジャパンとか外国人客をもっと集客するという観点から、クラブ営業については改正をされて、深夜営業が、一定の明るさの下ということになりますが認められたわけでありますから、経済情勢に合わせてそういったことは不断に見直していくことが必要だというふうに思います」

辰巳「我々、こういう規制緩和であれば大賛成をしたいというふうに思うんですね。ママからも話をたくさん聞きました。やっぱりスナックが風俗営業とカテゴライズされていること、これに疑問を感じるとか、接待したとして長期間勾留されて、麻薬絡みちゃうかというううわさを流されたり、本当に悔しい思いという声も聞きました。地方創生や地方活性化だというのであれば、こういう頑張っている町のオアシスを応援すること、地域経済、商業の振興に責任のある、大臣、立場ですから、是非、政府の立場として、憲法が保障する営業の自由が守られるように是非力を尽くしていただきたい。私もそのために力を尽くす決意を申し上げて、質問を終わります」

（2017年5月30日　参議院経済産業委員会より）

「街のスナックを守る請願署名」――採択めざして

スナックなどの料飲業者らの会員もいる全国商工団体連合会（全商連）は、この問題が起こって以来、「街のスナックを守れ」と、「接待」基準の見直しを求める署名運動に取り組んできた。2017年11月5、6両日に東京で取り組まれた「街のスナックを守れ」風営法対策総行動には北海道から長崎まで約50人のママやマスターらが参加。風営法を〝口実〟にした警察の過剰な取り締まり問題への対策のみならず、文明論から見たスナック、地域コミュニティにおける役割、若い人たちの起業の場としてのスナックなど、未来志向の議論も含め、スナックの魅力を活発に語り合った。私も参加し、全国のママや経営者たちを激励し、署名を受け取った（写真）。

2017年11月6日、「街のスナックを守れ」風営法対策総行動で署名を受け取る（全商連ホームページより）

この署名は、2018年の通常国会、臨時国会に提出された。臨時国会では、野党会派が採択を主張したのに対し、与党理事が「個人的には賛成だが党としては保留」と発言するところまで至っている。請願採択に向け、引き続き業者の皆さんとタッグを組んで奮闘していく決意だ。

主な国会質問一覧（2013年11月〜2018年12月）

森友事件

日付	会議名	概要
2017年		
3月6日	予算委	不当な値引き契約と超優遇の事実示し、関係者の国会召致を要求
3月10日	予算委	学園の小学校設置認可・国有地の借地・売却契約でも国が便宜はかったと追及
3月21日	財政金融委	ゴミ撤去費用少なくとも6・8億円過大の疑い濃厚と追及
3月24日	予算委	埋設ゴミ撤去費8・2億円「深さ9・9m」根拠なしと追及
3月27日	予算委	学園への国有地払い下げについて過大な値引きを明らかに
4月3日	決算委	学園への国有地払い下げ　首相夫人が関与した疑惑についてただす
4月20日	国土交通委	野党が要求した資料提出を与党の〝検閲〟で妨害
5月8日	決算委	「見積もり合わせせず」破たん
5月23日	財政金融委	財務省が鑑定士にさらに値引き依頼した仕様書を示し追及

5月30日	国土交通委	音声データにもとづく記録の提出を要求
11月30日	予算委	責任転嫁し究明に背を向ける安倍首相を徹底追及
12月5日	財政金融委	「新たなゴミ」ねつ造し、大幅値引きの根拠に。新たな音声データ示し追及
2018年		
2月1日	予算委	新たな音声データ示し昭恵氏の関与追及
3月5日	予算委	公文書改ざんただす
3月16日	予算委	首相進退答弁が改ざんに影響したのではないかと追及
3月19日	予算委	国有地売却　値引きの根拠崩れる／特例決裁　昭恵氏が転換点
3月20日	予算委	貸付料　森友に事前伝達　独自入手の籠池氏メモ示し追及
3月20日	財政金融委	「新たなごみ」をねつ造・認定し、大幅値引きを実現
3月22日	財政金融委	会計検査院に再検査を要求／「口裏あわせ」ただす
3月26日	予算委	昭恵氏「影響力」首相認める／改ざん 官邸指示否定できず
3月28日	予算委	佐川氏虚偽答弁を追及
3月29日	財政金融委	未公開のメモ・決裁文書の提出を求める
4月12日	財政金融委	官房長官への未報告「信じるに値せず」／国交省へのゴミ増量依頼ただす
4月16日	決算委	改ざんは官邸ぐるみ　追及
5月29日	財政金融委	検査院報告の「原案」事前に意見か　内部文書もとに追及／上限額1・6億円「聞いていた」理財局長、答弁訂正し謝罪
6月5日	財政金融委	官邸関与追及／事前の価格提示認め謝罪
6月11日	決算委	改ざん報告書に矛盾「〝偽証〟逃れのため」追及
6月14日	財政金融委	報告書でも佐川氏擁護

日付	会議名	概要
6月18日	決算委	2つの内部文書示し追及　現在も隠ぺい続ける
7月17日	内閣委	内部文書調査について石井大臣をただす
11月14日	議院運営委	会計検査官候補者所信に対する質疑
11月22日	財政金融委	改ざんにかかわった職員の処分が軽すぎると追及
11月26日	予算委	試掘写真データ解析から報告書のでたらめを告発

カジノ

日付	会議名	概要
2015年		
7月2日	国土交通委	ＩＲ構想を取り上げ、日本の観光を賭博依存にすべきでないと主張
2018年		
7月6日	本会議	カジノ実施法に対する本会議質問
7月17日	内閣委	大阪万博のオフィシャルパートナーに海外カジノ企業5社が含まれていることを暴露
7月18日	本会議	石井カジノ大臣問責決議案に対し賛成討論

病院廃止問題・保育

日付	会議名	概要
2016年		
3月10日	厚生労働委	住吉市民病院　統廃合への同意撤回を迫る
2017年		
1月31日	予算委	公立保育所・幼稚園の集約・統廃合問題を追及
5月15日	行政監視委	住吉市民病院統廃合問題・医療空白をおこすなと質問

貧困・社会保障

日付	会議名	概要
2013年		
11月5日	国土交通委	初質問。脱法ハウス問題を取り上げ、住まいの貧困の解消を要求
11月12日	厚生労働委	生活保護受給者への大阪市の不適切な対応を取り上げ、是正させた
11月12日	厚生労働委	生活保護改悪法案に対し、反対討論
2014年		
3月20日	予算委	大阪市による扶養義務おしつけの「水際作戦」を告発、安倍総理にやめさせるよう迫る。大阪市の生活保護利用者への介護扶助不支給を追及、厚労大臣は「法令違反」と認める

日付	会議名	概要
4月3日	国土交通委	脱法ハウス問題で追撃。「民間住宅の借り上げや家賃補助制度を」と強調
4月7日	決算委	生活保護「水際作戦」「申請権の侵害」など行政の不適切な運用をやめるよう求める
4月16日	デフレ調査会	新自由主義、「自己責任」論を乗り越えていかなければならないと主張
2015年		
4月7日	厚生労働委	生活保護の住宅扶助・冬季加算の削減撤回を要求
4月9日	予算委	千葉県営住宅母子無理心中未遂を取り上げ、命を守る対応を総理に迫る
5月14日	国土交通委	住宅扶助削減「住まいの安定を脅かす」と批判
2016年		
3月9日	予算委	千葉県営住宅追出し、生活保護の水際作戦中止や児童扶養手当の支払回数増加を求めた
3月22日	厚生労働委	生活保護受給者への資産調査の強化は人権侵害だとして中止を求めた
10月25日	総務委	官製ワーキングプア、大阪市の生活保護行政の実態を例に取り上げ正規公務員拡充を求めた

労働・中小企業・コンビニ

日付	会議名	概要
2014年		
2月19日	デフレ調査会	参考人質疑。デフレ脱却のためにも、長時間労働是正と最低賃金引き上げが必要
2月26日	デフレ調査会	「デフレ脱却のためには法人税引き下げではなく賃上げを」と主張
3月17日	国土交通委	バス安全確保へ、運転者の過酷な勤務実態を示し、労働条件改善を提起
4月23日	デフレ調査会	労働者の命を守るために大企業が社会的責任を果たすよう求める
5月21日	デフレ調査会	「残業代ゼロ」は、賃金を引き下げ、デフレ脱却に逆行すると意見表明
6月10日	国土交通委	海洋環境整備船の職員の正規化と国が責任を持つ直轄直営運航の体制確立を求める
2015年		
3月19日	予算委	JAL不当解雇　人員不足で空の安全が脅かされている事態を示し政府の対応を求めた
5月20日	デフレ調査会	金融頼みのアベノミクスから中小企業に軸足を置いた経済政策への転換が必要と意見表明
7月8日	本会議	労働者派遣法改悪案について、格差と貧困をより深刻にすると批判
8月19日	厚生労働委	同一労働同一賃金などについて参考人に質問
8月20日	厚生労働委	派遣法改正に関する質疑、間接雇用促進の大臣答弁を追及
9月1日	厚生労働委	大日本印刷100％子会社の「偽装請負」事件を告発

日　付	会議名	概　要
9月3日	国土交通委	旅客機のパイロット不足を指摘し、政府の姿勢ただす
9月8日	国土交通委	不当解雇されたＪＡＬ労働者の復職を求めた
２０１６年		
3月28日	予算委	セブンイレブンの賃金切り捨てシステムを告発、ブラックバイト、オーナー苦境の実態を示した
4月6日	デフレ調査会	セブンイレブン賃金切り捨てシステムを再度取り上げ、実態調査と指導を求めた
4月6日	デフレ調査会	金融政策頼みから中小企業支援と社会保障充実への転換を求める
4月28日	国土交通委	トラック運送について適正運賃が収受されていない実態を示し、規制強化を要求
5月2日	決算委	コンビニオーナーの実態を取り上げ、不公正取引を規制するフランチャイズ法が必要と主張
２０１７年		
3月22日	経済産業委	コンビニ本部による恵方巻仕入れ強要の実態を示し、法規制を求める
5月25日	経済産業委	儲かる企業のみを優遇、公共データを特定企業に提供する地域未来投資促進法案について質疑、反対討論
5月30日	経済産業委	スナックへの不当な摘発やめよ。実態に合わない風営法の見直し迫る
２０１８年		
5月15日	経済産業委	安全規制を免れるライドシェアの危険性と、ドライバーの労働条件悪化を告発

5月15日	経済産業委	中小企業（大企業との不公正な取引）／コンビニ問題（24時間営業実質強制）
11月26日	予算委	使い勝手の良い労働力となっている外国人留学生の労働実態を質した
12月4日	経済産業委	シャープ雇止め問題に関し、法令違反が疑われることと雇用の調整弁となっていることを質した

税・金融・景気・大企業優遇

日付	会議名	概要
2014年		
2月6日	本会議	本会議初登壇。消費税増税の中止、大儲けの大企業・富裕層に資力に応じた税負担を求める
3月13日	予算委	経済財政分野について、専門家を招いての公述人質疑
4月9日	デフレ調査会	消費税増税による負担増、法人税引き下げなど参考人に質問
4月10日	国土交通委	インフラ輸出機構法案。「儲けは民間大企業に与えリスクは国民に負わせるものだ」と批判
2015年		
2月25日	デフレ調査会	参考人質疑　日本銀行の量的・質的金融緩和とその効果について質問
3月4日	デフレ調査会	参考人質疑　デフレからの脱却と成長戦略について質問
4月15日	デフレ調査会	参考人質疑　我が国の財政事情と財政再建への取組について質問

日付	会議名	概要
5月13日	デフレ調査会	実質賃金と個人消費が低下の実態を示し、黒田日銀総裁の消費税増税ありきの姿勢を批判
2016年		
3月16日	本会議	公債特例法改正の質疑、軍事費など不要不急の予算より国民生活に軸足を置くべきと主張
12月5日	TPP特委	民泊仲介業者やAmazonを例に、TPPで多国籍企業の税逃れが野放しにされると追及
2018年		
12月4日	経済産業委	消費税8%への増税が個人消費を冷え込ませたことを指摘し、10%への増税をやめるよう主張

原発・エネルギー・温暖化

日付	会議名	概要
2015年		
4月6日	ODA特委	原発輸出支援について質問
2016年		
11月10日	経済産業委	日本企業による石油などの探鉱への支援を拡大することは「パリ協定」と整合性ないと批判

2017年		
4月17日	本会議	福島の復興、日本経済のためにも原発とは決別すべきと主張
4月25日	経済産業委	原発事故賠償費用のうち2・4兆円を新たに国民負担とすることを批判
5月8日	決算委	堺市で問題となった放射線授業を質問、中立性に欠ける団体が受注していたと暴露、見直しを要求
5月16日	経済産業委	東芝危機は原発推進した政府にも責任があると追及
6月7日	ODA特委	アメリカのパリ協定離脱について参考人に質問
2018年		
5月29日	経済産業委	エネルギー基本計画、関電再稼働、東電による原電支援を批判

平和・安全保障・民主主義

日付	会議名	概要
2013年		
11月12日	国土交通委	海賊警備特措法案に対し、武力による対応は解決策にならないとソマリア再建への支援を求めた
2014年		
2月20日	ODA特委	ODAの本来の目的に反する軍事的用途及び国際紛争助長への使用を慎むよう求める
3月18日	ODA特委	ODA海外インフラ輸出を批判。貧困削減、国際平和の目的果たせと追及

日付	会議名	概要
2015年		
4月6日	ODA特委	ODAによるミャンマー、イラク軍への車両供与を取り上げ、新ODA大綱の撤回を求めた
5月22日	本会議	マイナンバー制度について質問、重大なプライバシー侵害であると制度廃止を求めた
5月27日	ODA特委	参考人質疑において非軍事での貢献やジェンダー問題などを質問
6月16日	国土交通委	大阪空港に米軍ヘリが緊急着陸した問題で、防衛省の情報隠しを追及
8月26日	安保特委	イラク派兵での民間動員の実態や新入社員を自衛隊へ送る制度について取り上げた
9月10日	内閣委	自衛隊イラク派兵時に民間航空会社が装備品や武器弾薬を輸送していた問題を取り上げた
2016年		
3月22日	ODA特委	モザンビークのプロサバンナ事業について、現地住民の合意のないODA開発事業を批判
5月11日	ODA特委	TICAD参加国大使への参考人質疑、ケニア大使に難民や地熱発電などを質問
5月20日	ODA特委	ベトナムへの巡視船供与について、軍事転用への恐れがありながら精査しない姿勢を批判
2017年		
6月15日	本会議	『共謀罪』法案、委員会採決をせずに中間報告の動議採決に反対する討論

民泊・ライドシェア

日付	会議名	概要
２０１６年		
3月10日	国土交通委	安全おびやかすライドシェア（相乗り）解禁をただす
3月23日	国土交通委	白タク解禁につながる戦略特区での規制緩和を批判
5月19日	内閣委	ライドシェアについて責任の所在など多くの問題があることを示した
11月21日 22日	ＴＰＰ特委	民泊を例に外務省がＴＰＰ先取りで外国企業への規制緩和を働きかけたことを暴露。多国籍企業利益優先を批判。
２０１７年		
6月2日	本会議	違法な民泊を合法化する民泊新法について質問。「住んでよし、訪れてよし」の観光政策への転換を求める
6月6日	国土交通委	民泊提供日数無制限に「法案の前提崩れている」と追及
6月8日	国土交通委	民泊新法の問題点について旅館業者、研究者などの参考人に質問。違法民泊を紹介する仲介業者に政府が厳しく対処するよう求める
２０１８年		
4月19日	経済産業委	ライドシェア実証実験で国民の命が脅かされると批判、違法な民泊物件放置をただす

まちづくり・交通・災害対策

日付	会議名	概要
２０１３年		
11月7日	国土交通委	ＪＲ北海道問題について、安全確保へ国の指導監督責任を追及
11月19日	国土交通委	タクシー規制強化法案の質疑、大阪の実態を取り上げた
11月26日	国土交通委	交通政策基本法案に関する参考人質疑、「交通権」について質問
11月26日	国土交通委	大阪市の公営バスを例に、地域公共交通への予算が少なすぎると指摘
２０１４年		
3月13日	国土交通委	リニア新幹線の採算性のなさ、工事による環境破壊を告発。「事業認可するな」と迫る
4月22日	国土交通委	採算の見込みがない国際戦略港湾整備に10年間で５５００億円つぎこむ政府を追及
5月13日	国土交通委	市街地活性化とコンパクトシティ、リニア新幹線、駅無人化問題で質問
5月16日	本会議	自治体管理の道路の老朽化対策について、国に人材・技術支援を求める
5月22日	国土交通委	東京外環道の工事で大手ゼネコンによる不適正な入札があったと指摘
5月27日	国土交通委	阪神高速淀川左岸線２期工事の撤回・中止を要求
6月3日	国土交通委	南海トラフ地震の大阪府の被害想定を示し、国の予算確保を迫る
6月17日	国土交通委	マンションの耐震診断・改修への支援強化を求めた
6月19日	国土交通委	大阪の踏切事故を例に安全対策の強化を要求。国交大臣が「検討会の設置」を約束

10月16日	国土交通委	リニア建設をすすめるＪＲ東海が、自治体との環境保全協定を拒否している問題を追及
11月5日	本会議	土砂災害防止法改正案質疑。国民の安全を守るために、開発行為の規制などを求める
11月14日	地方創生特委	リニア中間駅の周辺整備などにより、住民に過度な負担が生じると批判
２０１５年		
3月26日	国土交通委	リニア建設残土について取り上げ、建設残土による被害を防ぐルールの法制化を求めた
4月16日	国土交通委	ＵＲ団地の統廃合をただし、居住者の思いに背いた移転や建て替えにならないように要求
5月12日	国土交通委	大阪の下水道事業を取り上げ、民営化にそぐわないと指摘
5月14日	国土交通委	東洋ゴム工業の免震ゴムデータ改ざん問題で、企業任せの検査を批判
5月19日	国土交通委	タクシー供給過剰の解消を進める「特定地域」指定基準の見直しを要求
6月2日	国土交通委	ＪＲ東海が摂津市との環境保全協定を反故にしている問題を追及
6月30日	国土交通委	建築物省エネ法改正の質疑、大規模開発優先の規制緩和政策にメスを入れるべきだと主張
12月3日	国土交通委	杭打ちデータ偽装問題で工事監理業務適正化と第三者性の実効性確保の必要性を強調
２０１６年		
3月10日	国土交通委	軽井沢バス事故・ライドシェア、規制緩和を反省無く進める姿勢を批判
3月31日	国土交通委	踏切・道路法の質疑、新たな平面交差の踏切は造らないよう要求

日付	会議名	概要
4月5日	国土交通委	杭打ち問題、情報を隠していた元請の三井住友建設の責任も重大
4月7日	国土交通委	南海トラフ地震の超高層ビル対策を取り上げた
4月26日	国土交通委	駅無人化問題について政府の指導力発揮を迫る、新幹線の脱線防止用ガードの設置要求
5月12日	国土交通委	港湾整備について、北米航路の貨物量減少などの実態を明らかにし、大水深バースは不必要と強調
5月17日	予算委	補正予算に対し賛成討論、仮設住宅の早急な建設必要と訴えた
5月26日	国土交通委	数多くの断層を横切るリニアの地震対策の不備を暴露
5月31日	国土交通委	マンション標準管理規約、新たな標準管理規約が恣意的に議決権の割合を決定することを批判
10月13日	予算委	リニアへの財投、償還の確実性も検証しないずさんな計画と追及、建設認可の撤回を要求
2018年		
7月6日	災害特委	大阪北部地震　宅地耐震化に国補助活用。学校の渡り廊下も調査を
7月17日	内閣委	ため池防災対策の遅れを指摘、西日本豪雨時に赤坂自民亭を開いていたことを総理に質す

あとがき

本書を最後までお読みいただきありがとうございました。改めてこれまでの論戦を振り返ると、「もっと詰められた」と反省するものもあり、まだまだ勉強が必要です。

実は本書は当初数十ページの「ブックレット」を想定していましたが、森友事件や国会論戦を書き進めるうちに、これだけの分量になりました。

国会質問づくりは1人では完結しません。国会論戦の過程でヒアリングに協力していただいた、また貴重な情報を提供していただいたすべての方に感謝申し上げます。

国政事務所の伊木さんはじめとする、地元大阪での活動をサポートしてくれている大阪のスタッフの皆さん、いつも本当にありがとうございます。

最後に本書の作成に携わってくれた辰巳室スタッフの恒川さん、川野さん、木田さん、吉井さんは日々の国会での業務と並行して本当に頑張ってくれました。感謝してもしきれません。

著者　たつみコータロー（辰巳孝太郎）

1976年大阪市西淀川区生まれ。米エマーソン大学映画学科卒。

参議院議員１期。2013年大阪選挙区から当選。

此花区生活と健康を守る会事務局次長、全大阪生活と健康を守る会連合会常任理事を歴任。

コソボ高校生の日本招聘プロジェクト事務局長、ラジオ派遣村村長代理。

在阪ラジオ局の映画解説番組でもシネマナビゲーターをつとめる。

現在、参院国対副委員長、予算委員会理事、経済産業委員、ODA特別委員。

党常任幹部会委員、政策委員会副責任者、森友疑惑追及チーム責任者。

国会追及
直及勝負　森友事件700日の記録

2019年４月８日　初版　第１刷発行
2019年６月５日　　　　第２刷発行

著　者　辰　巳　孝太郎
編　集　日本共産党国会議員団大阪事務所
発行者　蒔　田　司　郎
発行所　清　風　堂　書　店
〒530-0057　大阪市北区曽根崎２-11-16
TEL　06（6313）1390
FAX　06（6314）1600
振替　00920-6-119910

組版・印刷・製本／㈱関西共同印刷所
ISBN978-4-88313-889-0 C0031